ULLSTEIN

Das Buch

Eine Reise auf einem Forschungsschiff fasziniert Heleen van der Laan so von der Arktis, daß sie sich auf das ultimative Abenteuer einläßt: Sie beschließt, in der unwirtlichen und eisigen Landschaft von Spitzbergen zu bleiben. Schutz vor der lebensfeindlichen Umwelt bietet ihr eine abgeschiedene Hütte am vereisten Fjord. Für Monate ist sie auf einen einzigen Menschen angewiesen – den wortkargen Pelzjäger Nils. Er verspricht sich von der Anwesenheit der jungen Frau hauptsächlich eines: erotische Abenteuer. Doch Nils' schlichte und ungehobelte Art ist für Heleen unerträglich. Erst nach den langen und harten Wintermonaten nimmt eine zarte Liebe zwischen den beiden ihren Anfang …

Die Autorin

Heleen van der Laan arbeitet heute als Geologin am Institut für Physikalische Geographie in Amsterdam. Dort lebt sie auch zusammen mit ihrem Mann und ihren Kindern.

Heleen van der Laan

Wo bleibt das Licht?

Eine junge Frau überlebt den Winter im ewigen Eis

Aus dem Niederländischen
von Waltraud Heitzer-Gores

Ullstein

Zum Schutz ihrer Privatsphäre wurden die Eigennamen von einigen Personen verändert.

Ullstein Taschenbuchverlag
Der Ullstein Taschenbuchverlag ist ein Unternehmen der Econ Ullstein List Verlag GmbH & Co. KG, München
1. Auflage 2001

Titel der niederländischen Originalausgabe: Waar blijft het licht
(Uitgeverij Luitingh-Sijthoff, Amsterdam)
Übersetzung: Waltraud Heitzer-Gores
Umschlagkonzept: Lohmüller Werbeagentur GmbH & Co. KG, Berlin
Umschlaggestaltung: Init GmbH, Bielefeld
Titelabbildung: Creative Partnership / Bildagentur Mauritius
Satz: Franzis print & media, München
Druck und Bindearbeiten: Ebner Ulm
Printed in Germany
ISBN 3-548-36294-X

Sie ist fast durchsichtig, wie sie da steht. Das Getöse des Hubschraubers ebbt langsam ab und die Stille nimmt sie gefangen. Mit großen Augen schaut sie sich um und nimmt die Leere in sich auf.

Plötzlich fühlt sie sich beobachtet und dreht sich um. Sieben Hunde blicken sie fragend an. Kein fröhliches Gejaule zur Begrüßung, das sie hätte beantworten müssen. Nichts fordert ihre Reaktion. Mit den Köpfen auf den Vorderpfoten liegend, starren die Hunde sie nur an, als ahnten sie, daß sie nicht nur eine Besucherin ist.

Das Eigenartige ist, daß sie jetzt, da das Abenteuer beginnt, da sie alle Bindungen hinter sich gelassen hat und etwas völlig Neues anfängt, wenig begeistert scheint. Der Pelzjäger sieht sie nicht an, dennoch fühlt sie sich von seinen Blicken betastet. Auch er bewegt sich nicht. Soll sie etwas sagen, etwas tun? »Es ist schön, zu Hause zu sein«, versucht sie und fragt sich anschließend, ob sein schüchternes Lachen Ausdruck seiner Verlegenheit ist, oder ob es anzeigt, daß er ihr Englisch nicht versteht.

AUSTFJORDNESET

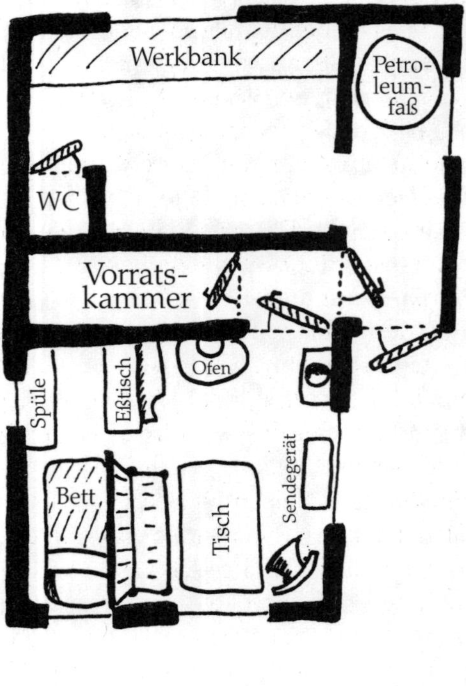

Ein Tropfen. Mit einem Riesenschreck springe ich in meine Schuhe. Ich blicke zum Himmel – tatsächlich, die Wolkendecke über dem Fjord zieht sich zusammen – es wird regnen. Gepäck für ein ganzes Jahr steht noch überall verstreut um uns herum. Alles muß in die Hütte, bevor der Schauer herunterprasselt.

Es kostet mich Mühe, mir Mut einzureden und damit anzufangen, die Schachteln und Taschen hineinzutragen, während der Pelzjäger den Holzofen anheizt. Diese kleine Holzhütte soll meine Behausung werden, mein Zuhause. Aber mir ist, als würde ich in einem Film mitspielen, der nichts mit mir zu tun hat, so als wäre ich nur ein Körper ohne Gedankenwelt, als wäre … Noch ein wenig benommen folge ich dem Pelzjäger in die Hütte und verstaue dort alles. Im Schlafzimmer liegt der Großteil seiner Kleidung auf einigen an der Wand befestigten Brettern. Er leert für mich jedes Brett bis zur Hälfte. Darauf darf ich nun meine Sachen ablegen. Obwohl ich von Natur aus eher schlampig bin, fühle ich mich jetzt angezogen von diesen geordneten Stapeln auf dem Brett. Zunächst langsam und dann mit größter Genauigkeit arrangiere ich meine dicken Wintersachen, sortiere sogar die Socken nach Farbe, in dem Versuch, mein neues Leben einzurichten.

Nur mein Schlafsack bleibt im Wohnzimmer auf dem

Boden liegen. Es ist unklar, wohin er gehört, und ich wage nicht, danach zu fragen. Das Bett im Schlafzimmer ist eindeutig für eine Person bestimmt. Wo schlafe ich? Das wird sich heute abend klären.

Abends essen wir das Brot, das wir aus dem norwegischen Dorf Longyearbyen mit hierher gebracht haben, und dann ziehe ich mich in die Ecke der Sitzbank zurück.

Vom Stuhl auf der gegenüberliegenden Seite des Tisches aus, sieht Nils, der Pelzjäger, mich über einer Tasse Nescafé verträumt an. Mir fehlt der Mut, den Blick zu erwidern. Wieder ein Moment, der nach Worten verlangt, nur welche Worte? Ich mag keinen löslichen Kaffee. Ich nehme einen Stift und Papier und benehme mich so, als berührte mich diese Stimmung voller Erwartung nicht. Was soll ich auch sagen, wenn er kaum Englisch spricht und ich noch weniger Norwegisch? Etwas später sehe ich aus den Augenwinkeln, daß er angefangen hat, in einem norwegisch-englischen Wörterbuch zu blättern. Der Versuch einer Annäherung?

»Möchtest du Englisch lernen?«

«Ja«, antwortet er mit demselben schüchternen Lachen.

»Soll ich dir dabei helfen?«

»Ja.«

Und das ist schon das Ende der Konversation. Ich bin müde, zu müde um mich mit etwas oder jemand anders als mir selbst auseinanderzusetzen. Nicht weil ich soviel gemacht hätte, aber ein Tag mit vielen neuen Eindrücken zehrt an mir.

Nach einer Woche in der ständigen Unsicherheit, ob der Hubschrauber fliegt oder doch nicht fliegt, hat man Nils und mich heute mittag bei seiner Hütte Austfjordneset abgesetzt. Ein paar Piloten liefen noch eine Weile fotografierend umher – für Kaffee blieb keine Zeit – und dann ... ja, was dann?

Allein mit sieben Hunden und einem Pelzjäger werde ich in dieser kleinen Hütte in der Tundra Spitzbergens überwintern. Das einzige, das ich von dem Mann weiß, ist, daß er am 15. April dreißig wird, daß er schwarze Haare hat und grüne Augen. Er ist mein Mitmensch. Hunderte von Kilometern lebensfeindliches Land trennen mich von der bewohnten Welt, vom nächsten Flughafen, von dem aus ich nach Hause fliegen könnte und sogar von einem Telefon, um jemand anrufen zu können.

Meine Gedanken schweifen ab zu dem Schiff, auf dem ich die letzten Monate gearbeitet habe, und zu einem Matrosen dort an Bord. Lieber Rudolf, ich vermisse dich. Sicher, es ist meine eigene Entscheidung gewesen, hier in dieser verlassenen Gegend zurückzubleiben, aber ich vermisse dich. Ich habe mich so daran gewöhnt, alles mit dir zusammen zu machen und nun stehe ich völlig allein da. Verdammt, wo bist du denn? Eine Träne.

Ich hoffe, Nils sieht es nicht.

Ich falle vor Müdigkeit fast um, wann werde ich endlich ins Bett gehen können? Es ist erst acht Uhr abends und Nils bleibt auf jeden Fall bis zehn Uhr auf, um Funkkontakt zu einem entfernten Nachbar-Pelzjäger zu bekommen. Noch zwei Stunden, halte ich das durch? Wenn ich wenigstens wüßte, wo ich schlafen kann.

Also doch die Frage stellen.

»Ich möchte ins Bett gehen, ich bin sehr müde, wo soll ich schlafen?«

»Schlafen?«

»Ja«, murmle ich und seufze erschöpft, um keinen Zweifel an meinen Worten aufkommen zu lassen.

Während er seine Zigarette ausmacht, hebe ich meinen Schlafsack hoch und folge ihm dann in das kleine Schlafzimmer. Vielleicht doch in seinem Bett schlafen? Zwei Schlafsäcke auf einem Bett? Wenn es denn sein soll. Schlicht zu müde, um wegen solcher Dinge zu diskutieren, lasse ich mich auf das Bett fallen. Ruhe, Schlafen, weg aus dieser schwierigen Situation, laß mich träumen …

»Keinen Schlafsack jetzt«, klingt es plötzlich viel zu nahe an meinem Ohr. Küsse im Nacken.

O nein, bitte, nicht jetzt schon. Soll das wirklich heißen, daß ich so völlig unerwartet, ohne jeglichen Auftakt, ohne die geringste Spur einer Verliebtheit mit diesem fremden Mann ins Bett gehen soll? Natürlich würde es geschehen, irgendwann. Wenn man nur mit einem einzigen Menschen zusammen ist und mit ihm ganz intensiv das Leben teilt, warum sollte man dann nicht auch das Bett teilen? Es erscheint mir in einer solchen Situation fast unausweichlich – und ganz bestimmt nicht nur in seinem Interesse.

Mir ist durchaus bewußt, daß ich – so mir nichts dir nichts wie ich mich einfach in das Leben eines anderen Menschen hineinbegebe – vielleicht mehr Abstriche in bezug auf meine Erwartungen machen muß, als man normalerweise hinnehmen würde. Aber das hier geht mir zu schnell, vor allem weil ich in Gedanken noch bei Rudolf bin. Laß uns erst Freunde werden und miteinander reden, morgen oder später. Ich will jetzt schlafen.

Ich muß mich dazu zwingen, noch etwas wach zu bleiben, um angemessen zu reagieren. In der Hoffnung, daß Nils so etwas Konkretes wie eine andere Liebe verstehen wird, erzähle ich ihm in so einfachem Englisch wie möglich von Rudolf. Ich erkläre ihm, daß erst eine

Woche zwischen mir und Rudolf liegt und daß er warten muß.

»Ich hatte auch schon eine Freundin«, stammelt er überrascht.

Mir leuchtet absolut nicht ein, was das miteinander zu tun haben soll. Ich schiebe ihn sanft weg und wiederhole, daß er warten muß.

»Den ganzen Winter?« Er sieht dabei wie ein begossener Pudel aus.

»Ich möchte jetzt schlafen«, sage ich resolut, um dieser Frage auszuweichen.

Weil ich mich ein bißchen schuldig fühle, gebe ich ihm einen Gutenachtkuß und wünsche ihm »Schlaf gut«.

Ich kann noch hören, wie er sich mit seinen Holzschuhen auf dem Holzboden entfernt und dann wird es still. Herrlich! Schlafen!

... In der Kombüse backe ich Brot. Genußvolles Kneten im klebrigen Mehlgemisch. Plötzlich fährt Rudolf im Schlauchboot herein. Er winkt. Klappernde Holzschuhe. Wer an Bord trägt Holzschuhe? Halt, Rudolf, warte! Ich möchte mitkommen! Aber er lacht nur und fährt wieder weg, und meine Hände bleiben am Teig kleben. Das Geräusch von Holzschuhen wird eindringlicher und klappernd fällt eine stählerne Ofentür zu ...

Verdammt, ja, hier bin ich, in dieser Hütte, bei dem aufdringlichen Pelzjäger. Ich kneife meine Augen fest zu. Ich will nicht wach werden. Ich will nicht! Aber der Traum ist weg. Ich bleibe ernüchtert im Bett liegen. Das Radio wird eingeschaltet und eine Stimme fängt auf norwegisch zu quasseln an. Erst als N eine halbe Stunde später erneut Holz ins Feuer legt und zum zweiten

Mal die Ofentür zuschlägt, kann ich mich aufraffen, endlich aufzustehen.

Das Frühstück schmeckt nicht richtig, ich habe keinen Hunger. Schon die ganze Woche nicht. Seit ich von Bord gegangen bin, fühle ich mich schlapp und ausgelaugt und irgendwie deplaziert. Der Schlaf der letzten Nacht hat mir nicht wirklich auf die Beine geholfen und von dem koffeinfreien löslichen Kaffee verspreche ich mir nicht viel.

N hat sich erhoben und setzt sich neben mich auf die Bank. Auf ein Blatt Papier zeichnet er sieben Kreise und kritzelt die Namen der Hunde daneben. Gemeinsam suchen wir im Wörterbuch die Übersetzungen. Bamse heißt Bär; Skøyer, der Taugenichts, ist sein Bruder. Knøtte ist die Mutter der beiden und Kleine Wijde, die nach dem Fjord, an dem die Hütte liegt, benannt wurde, ist ihre Tante. Ihr Onkel Troll sieht aus wie ein Zauberer mit seinen großen dunklen Ringen um die Augen. Chiko ist der Stammvater aller. Der einzige Außenseiter des Gespanns ist der alte Cantoe. Die Verwandtschaftsverhältnisse überraschen mich und ich frage mich, wie das weitergehen soll. Ergibt das keine Inzucht?

Im Wörterbuch suche ich das norwegische Wort für Inzucht und halte es ihm vor die Augen – denn wie spricht man bitte »innavle« aus. Er lacht, gibt aber keine Antwort. Ich sehe den Schlitten schon vor mir, gezogen von Hunden mit fünf Pfoten und zwei Schwänzen, und ich pruste los vor Lachen.

N brummt sanft und streckt seine Hand aus, um meine Wange zu streicheln. Ein Schauer durchzuckt mich, aber ich lasse ihn gewähren. Wo ziehe ich die Grenze? Was bleibt mein, was kann ich geben? Als er sich dann näher an mich heranschiebt, wird es mir zu eng. Ich habe ihm doch schon erklärt, wie die Dinge für mich liegen, oder?

»Hör auf, geh weg.«

Gott sei Dank, das hilft; er setzt sich wieder auf den Stuhl am anderen Tischende. Was soll ich bloß mit so jemandem anfangen? Meine Laune ist dahin.

Ich will weg von dieser Erwartung, die er ständig ausstrahlt, weg von diesem Körper. Schnell ziehe ich meine Bergstiefel und eine Jacke an und fliehe aus der Hütte. Frische Luft. Ich atme tief durch, ein Windstoß streift durch mein Haar. Ich stampfe wild auf und schüttle mich, damit seine Berührung von mir abfällt und vom Wind mitgenommen wird. Vom Wind frisch durchgepustet, lehne ich ein Holzstück an die Hüttenwand und setze mich darauf.

Die sieben Grönländer Schlittenhunde haben mich zwar bemerkt, schenken mir aber keinerlei Beachtung. Jeder von ihnen liegt an einer Kette von ein paar Metern Länge. Der Kreis, den jeder Hund beschreiben kann, ist die jeweilige Reviergrenze. In der Mitte der runden Territorien liegt bei jedem von ihnen ein Häufchen bestehend aus Knochen, Kot und Haaren.

Um Raufereien zu verhindern, ist der Abstand zwischen den meisten so, daß sie sich nicht berühren können. Trotzdem macht es ihnen sichtlich Spaß, sich herausfordernd anzuknurren und anzukeifen.

Solange der Fjord eisfrei ist, bestehen ihre Tage ausschließlich aus Fressen, Schlafen und den Nachbarn ankläffen.

Wenn ich mich richtig an die Aufzeichnungen erinnere, dann handelt es sich bei dem großen Hund ganz vorne um Bamse. Er starrt mich unaufhörlich an. Im Unterschied zu den anderen Hunden hat er auffallend große Ohren. Normalerweise fallen bei Tieren, die in der Arktis leben, alle Extremitäten wie Ohren, Schwanz und Pfoten eher klein aus, um unnötige Wärmeverluste zu verhindern.

Links hinter Bamse springt sein kleiner Bruder Skøyer auf und zerrt an seiner Kette, doch Bamse scheint ihn nicht wahrnehmen zu wollen.

Als Skøyers Gekläffe immer durchdringender wird und sich zu einem jaulenden Flehen steigert, steht er – nachdem er sich bei mir mit einem ernsten Blick entschuldigt hat – langsam auf und die beiden spielen eine Runde »In den Schwanz beißen«. Skøyer dreht sich um, so daß Bamse ihn in den Schwanz beißen kann. Vor Wonne legt er sich sogar auf den Rücken. Aber als Bamse seine zarte Haut am Bauch erwischt, springt er blitzschnell hoch und es geht von vorne los.

Ein Stückchen weiter entfernt gibt es eine seichte Lagune, und auf dem Strand hockt eine Gruppe Dreizehenmöwen. Hin und wieder fliegt ein Teil der Gesellschaft hoch, dreht eine Runde über dem Fjord und kehrt zurück. Wahrscheinlich handelt es sich um Flugübungen für die Reise in den warmen Süden. Fast alle Vögel, die hier im Sommer brüten, ziehen im Herbst weg. Nur das Schneehuhn bleibt, die Rentiere bleiben, Polarfüchse und Eisbären bleiben und wir bleiben.

Es wird still werden.

Mein Blick gleitet weiter in Richtung zu dem breiten Fjord. An seinem Eingang liegt der große Gletscher, über den wir gestern geflogen sind, aber heute ist die Sicht nicht gut genug, um ihn zu sehen. Auch die Bergkette, die den Fjord säumt, verschwindet in der diesigen Ferne. Einige Kilometer südlich der Hütte kann ich noch die Ausläufer zweier kleinerer Gletscher ausmachen.

Sechzig Prozent der Inselgruppe Spitzbergen sind vom ewigen Eis bedeckt. Die Tundraflächen in den Tälern waren im Sommer bunt gefärbt von gelben und violetten Blumen, die aber jetzt alle verschwunden sind.

Die Länge der Tage nimmt rapide ab und in eineinhalb Monaten wird sich die Sonne sogar ganz verabschieden. Wie werde ich diese endlose Dunkelheit erleben? Man sagt, die Menschen werden davon depressiv. Aber zu zweit kann es doch auch ganz gemütlich sein. Ob N und ich dann schon das Bett teilen?

Ich sollte wieder in die Hütte gehen und sehen, was N treibt. Vielleicht können wir ja zusammen etwas machen. Das wäre ein guter Anfang für einen vernünftigen Umgang.

Nachmittags haben wir die beiden Gletscher erkundet. In der seitlichen Moräne vermutete N Schneehühner, die er als Köder für seine Fuchsfallen verwendet. Es ist, wie gestern, bewölkt, und es weht zudem ein kräftiger Wind.

N ist genervt, weil er dadurch nicht mit dem Schlauchboot auf die andere Seite des Fjords übersetzten kann, um Jagd auf Rentiere zu machen. Wir haben noch kein Fleisch. Mir macht das nichts aus, dann essen wir eben Brot oder Bohnen. Aber N regt sich ziemlich darüber auf.

»Hungrig, aber Wetter nicht gut«, schrie er am Nachmittag immer wieder und schoß ohne Grund und ziellos ein paarmal in den Fluß. Als sich dann herausstellte, daß das anstrengende Klettern über die Moräne des Gletschers nicht mit Schneehühnern belohnt wird, wurde N sehr ärgerlich.

Seit einer Weile sitze ich nun schon drinnen, um mich bei einer Tasse Tee von der Wanderung zu erholen. Ich muß unbedingt meine Kondition verbessern, wie soll ich sonst Touren auf Skiern machen können? Außerdem wird es sehr kalt und sehr dunkel werden.

Tja, zum Thema Winter fallen mir noch viele Fragen ein. Wie werde ich damit zurechtkommen, mit vier Monaten Polarnacht, wenn das Quecksilber bis auf vierzig Grad unter Null sinkt? In meinen Vorstellungen wurde ich gut damit fertig, weil ich von einer guten Beziehung zum Pelzjäger ausgegangen bin. Und zu zweit kann man viel schaffen. Werden wir je ein Team werden? Auf den ersten Blick schätze ich die Aussichten schlecht ein.

Ich bin davon ausgegangen, daß die Menschen gelassen und weise werden, wenn sie so lange Zeit in der freien Natur gelebt haben und gelernt haben, die Dinge zu akzeptieren, wie sie sind. Mir wird bewußt, daß das nicht zwingend so sein muß. N wirkt vielmehr nervös und unsicher auf mich, und ich mag keine unsicheren Typen! Wie soll das den ganzen Winter lang gutgehen, wenn wir uns nicht annähern können? Wenn ich niemanden habe, mit dem ich lachen, reden, teilen kann. Alles immer allein machen? Will ich das? Kann ich das?

Ich habe meine Gedanken zu weit abschweifen lassen und unweigerlich laufen mir die Tränen über die Wangen.

Zurückkehren? Der Tee schmeckt gut, sage ich mir zum Trost, und es wird irgendeinen Sinn haben.

»Der Weg zum Licht ist eine Kette von gestörten

Gleichgewichten«, sagte Jan Romein und vielleicht hat er damit recht.

Was N wohl macht? Erst mein Gesicht waschen und meine Nase putzen. Danke, Rudolf, ich hätte nicht gedacht, daß ein Taschentuch mal so wichtig sein könnte.

N hat draußen den Petroleumofen zerlegt. Etwas scheint daran kaputt zu sein, es sieht kompliziert aus. Er hockt auf dem Boden, Werkzeuge und Ersatzteile liegen um ihn herum.

»Faen!«

Sand fliegt hoch, als er mit Wucht den Schraubenzieher auf den Boden schmeißt. Ich weiß nicht, ob ich helfen soll, oder ob ich störe. Daher bleibe ich einfach in der Nähe, spiele etwas mit Bamse.

Mürrisch zerlegt N den Ofen erneut, wobei die Einzelteile stets ungnädiger behandelt werden.

In diesem Ofen soll das Brot gebacken werden. Was geschieht, wenn er ihn nicht reparieren kann? Kann man Brot auch herstellen, indem man den Teig in einer Form in kochendes Wasser stellt? Das müßte meiner Meinung nach auch gehen. Schade wäre es, wegen der von N so gepriesenen »Trapperpizza«. Ein Winter ist aber auch ohne Pizza zu überleben. Ich frage N schließlich doch, ob ich ihm helfen kann. Ich halte die untere Platte fest, während er versucht, den Brenner zusammenzubauen, doch auch jetzt will es nicht gelingen.

»I Helsike, faen!« brüllt er wieder und sieht mich mit einem bösen und verzweifelten Blick an.

»Laß mich mal sehen.«

Die einzelnen Teile passen irgendwie nicht ineinander, der Brennstoff könnte auslecken. Ich weiß auch nicht genau, wie so ein Ding aussehen muß. Aber es sind noch drei weitere Brennstellen auf dem Ofen.

Wenn wir nun eine davon auseinandernehmen, werden wir vielleicht etwas schlauer. Es stellt sich heraus, daß uns ein Teil fehlt. Wir bauen es in den Brenner des Öfchens ein und siehe da, es paßt! Ich bin stolz auf mich.

N staunt nicht schlecht und läßt sich die Chance nicht entgehen, sich mit einer Umarmung zu bedanken.

Am Abend frage ich mich, was er eigentlich die ganze Zeit in sich hinein gemurmelt hat. »Faahn« oder so ähnlich, dergleichen ist im Wörterbuch aber nicht zu finden. Warum nicht? Kann es sein, daß er tatsächlich die ganze Zeit flucht? Ich begreife es nicht: Wie kann ein Mann, der schon das sechste Jahr in dieser kalten Wildnis verbringt, nur so die Fassung verlieren beim Versuch, einen Ofen zu reparieren, während mir, einem unerfahrenen, neunzehnjährigen Mädchen das auf Anhieb gelingt? Was soll ich nur mit so jemandem?

Ohne weitere Probleme lege ich mich um neun Uhr schlafen. Ich auf der Bank, er im Bett, denn die Bank neben dem Ofen findet er vorläufig noch zu warm.

Man kann sich wirklich fragen, wozu es in aller Welt gut sein soll, daß jemand um halb acht Uhr aufsteht, wenn er dann bis um zehn Uhr nur Kaffee trinkt, Radio hört und Zigarren raucht. Etwas irritiert sitze ich auf meiner Bank in der Ecke. Ich habe nichts dagegen, früh aufzustehen, aber dann soll es einen Sinn haben. Seine Zigarren stinken, und ich verstehe das Norwegisch aus dem Radio nicht.

Als ich mich nach den Plänen für den heutigen Tag erkundige, erfahre ich, daß der gesamte Proviant auf den Speicher transportiert werden soll und daß ich schießen lernen soll, was im Land der Eisbären kein schlechter Gedanke ist. Bären sind prächtige Tiere, aber wenn sie sich bedrängt fühlen oder schlechte Laune haben, können sie ohne Vorwarnung einen Menschen angreifen. Es kann vorkommen, daß es notwendig ist, zur Selbstverteidigung ein Tier zu töten. Ich habe regelmäßig Bären gesehen bei Ausflügen mit der Crew des Schiffs, auf dem ich gearbeitet habe, aber da waren wir eine Gruppe von Leuten. Ich ging immer davon aus, daß wenigstens einer dabeisein würde, der langsamer ist als ich. Aber hier werde ich auch öfter allein unterwegs sein und allein eine Begegnung mit einem Bären zu meistern haben.

Normalerweise kommen die Bären erst im Frühjahr so weit ins Landesinnere wie Austfjordneset, aber man kann nie wissen. Außerdem muß man davon ausgehen, daß die Bären, die von diesem Muster abweichen, am hungrigsten sind …

Auf einem flachen Stück Land hinter der Hütte hat N eine Schießbahn eingerichtet. Flach auf dem Boden liegend versuche ich dort eine Dose zu treffen, die fünfzig Meter von mir entfernt steht. Ich habe zwar schon einmal geschossen, erschrecke aber immer wieder von diesem lauten Knall neben meinem Ohr und dem heftigen Rückschlag des Gewehrs. Am späten Nachmittag gelingt mir das Zielen schon ganz gut, und es wird Zeit, die durchlöcherte Dose zu ersetzen. Aber es bleibt die Frage, ob ich einen Bären rechtzeitig bemerken würde, und ob ich dann auch gezielt schießen könnte.

In der Zwischenzeit hat N bereits einen Großteil unseres Proviants verstaut. Die Hütte ist nicht groß, aber sehr praktisch eingeteilt. Über dem Wohnzimmer befindet sich ein kleiner Speicher, in dem der Jahresvorrat Zucker, Kaffee, Tee, Milchpulver, Fertigsoßen sowie kleinere Mengen Erbsen und Bohnen untergebracht sind. In der großen Werkstatt lagern die Säcke mit Mehl, die Marmelade im Tetrapak (Gläser würden bei unseren Temperaturen natürlich bersten) und ein paar dicke Käsestücke.

Gemüse gibt es so gut wie gar nicht, außer man möchte das Tomatenketchup als solches bezeichnen, das gibt's im Überfluß. Als ich in Longyearbyen zum Gesundheitscheck im Krankenhaus war, hat mich eine niederländische Krankenschwester schon gewarnt. Sie gab mir eine große Packung Vitamin-C-Tabletten mit, und obwohl N eher mißbilligend zusieht, schlucke ich sie brav.

Am Abend sitze ich wieder auf der Bank und N mir gegenüber auf seinem Stuhl. Wir spielen Kniffel. Es macht mir wenig Spaß, denn ich gewinne jede Runde. Es scheint, daß er nicht auch nur einen Schritt über den ersten Wurf hinaus denken kann und sich einfach nicht überlegt, was er mit den nächsten beiden Würfen erreichen könnte. Es dauert nicht lange bis das Spiel auch ihn nicht mehr begeistert und jeder von uns zurückkehrt in seine eigene Gedankenwelt.

Fast automatisch befinde ich mich wieder auf der *Plancius,* dem Schiff, auf dem wir mit soviel Spaß ganze Abende lang Würfelspiele gespielt haben. Die ganze Mannschaft war um den kleinen Tisch zum Pokerspielen versammelt und der Verlierer gab eine Runde aus. Als Küchenhilfe mußte ich jeden Morgen um sieben Uhr aufstehen, aber es machte mir nichts, daß ich jeden Abend bis spät in die Nacht viel zuviel trank. Zwischen sieben und acht Uhr bereitete ich Frühstück für dreißig Personen und weckte Rudolf. Danach kroch ich mit dem Wecker auf Viertel nach acht noch einmal in meine Koje, dann mußte ich im Frühstücksraum Brot nachreichen und nachsehen, ob Rudolf nicht nur wach war, sondern schon unter der Dusche stand. Dann konnte ich mich eine weitere halbe Stunde ins Bett legen, bevor es ans Aufräumen und Geschirrspülen ging. Eigentlich bestand meine Arbeit aus nicht viel mehr als sieben Tage pro Woche Tische decken, wieder abräumen und abspülen. Aber warum soll das nicht schön sein, wenn man mit einer Gruppe liebenswürdiger Menschen zusammen ist und sich dabei durch herrlichste unberührte Natur bewegt? Das Schöne an einer Schiffsreise ist, daß man überall zu Hause ist und immer neue Dinge entdeckt. Jeden Tag lagen wir an anderen Orten vor Anker, wo die Passagiere für einen Tagesausflug an Land gingen. Um fünf Uhr kamen sie immer zurück, und das Schiff fuhr zum nächsten Ziel. So lagen wir eines Tages auch in Austfjordneset vor Anker. Ich erinnere mich noch, wie ich Rudolf weckte mit der Mitteilung, daß eine kleine Hütte an Land zu sehen sei und daß Rauch aus dem Schornstein käme. Am Nachmittag ging die gesamte Crew an Land. Ich trug zur Feier des Tages sogar Wimperntusche auf. Zu zehnt paßten wir gerade so eben in das Wohnzimmer, der Pelzjäger saß etwas abseits auf einem Hocker. Er servierte Kaffee, sprach aber wenig. Erst bei der Führung wurde er etwas lockerer, zeigte uns die Schlitten, aß getrocknetes Seehundfleisch und holte stolz die weißen Fuchspelze hervor. Kaufen? Nein, leider sind wir Niederländer eher etwas allergisch gegen Pelze. Er demonstrierte ein Hundegeschirr am eigenen Körper, und keiner von uns konnte sein Lachen verbergen, als er es dann nicht mehr ablegen konnte. Ich habe ihm dann geholfen. Später gingen alle noch einmal in die Hütte, um Seehundnägel oder so etwas ähnliches zu sehen, aber ich blieb draußen. Ich habe mich auf ein Stück Holz gesetzt und die Umgebung auf mich wirken lassen. Kein Mensch weit und breit, und wenn ich den Kopf nicht zu weit nach rechts drehte, war auch das

Schiff nicht mehr zu sehen. Wie das wohl ist, hier zu wohnen? Weit weg von allem und allen, allein – oder vielleicht eins – mit der Natur? Bald würde es hier monatelang dunkel sein, eisige Kälte herrschen und es würde nur den Hundeschlitten als einziges Transportmittel geben. Keine Möglichkeit wegzulaufen, vor sich selbst und den eigenen Problemen. Eine Existenz frei von jeder Illusion.

Ich versuchte, mir vorzustellen, die Hütte wäre meine Hütte, mein Zuhause, aber es gelang mir nicht. Es entstanden keine Bilder vor meinen Augen. Zurück an Bord begann ich zu überlegen, was mich eigentlich davon abhalten würde, hier zu überwintern. Wenn mich dieses Leben so faszinierte, warum eigentlich nicht? Ich fand keine schlüssige Ausrede. Ich war nicht verheiratet, hatte keine Kinder, keinen wichtigen Job und selbst wenn ich einen gehabt hätte … Wer die Welt entdecken will, darf sich nicht vor dem Unbekannten fürchten, nicht zögern, eine vertraute Umgebung aufzugeben für etwas, wovon man nicht weiß, was es bringen wird.

Der Maschinist hatte in Longyearbyen gehört, daß der Pelzjäger auf der Suche war nach einem Gefährten, und so bedurfte es nur noch einiger Witze der restlichen Mannschaft und ich war bereit, erneut an Land zu gehen.

Die großen Kieselsteine am Strand prickelten an meinen Füßen. Voller Erwartung klopfte ich an die Tür. Er sucht bestimmt einen erfahrenen, starken Kerl. Was hilft ihm dann ein Mädchen wie ich? Als er die Tür öffnete, fing ich an, meine Idee ausführlich auf englisch vorzutragen, aber als Antwort sah er mich nur etwas verschwommen an. Dann eben einfacher:

»Winter, du, ich, hier?«

»Ja!«

Ohne Zögern stimmte er zu. Aus dem lückenhaften Gespräch, das dann folgte, filterte ich heraus, daß er in zwei Wochen nach Longyearbyen fahren würde und später nach Norwegen, um Urlaub zu machen. Ich versprach, ihm einen Brief zu schreiben und wir vereinbarten, daß wir uns nach seinem Urlaub treffen würden. Wir umarmten uns zum Abschied und ich grüßte freudig die Hunde mit einem »Auf Wiedersehen«.

Später erklärten mich die meisten Leute an Bord für verrückt. Wie konnte ich mir nur so etwas Extremes ausdenken? Ich kannte doch den Mann gar nicht.

Und ehrlich gesagt, beschleicht mich nun ab und zu die Frage, ob sie nicht recht hatten. Kann das gutgehen? Bin ich nicht eine Gefahr für mich selber, indem ich diesen spontanen Eingebungen folge? Es gibt aber keinen anderen Weg darüber Klarheit zu bekommen, als den Weg des Ausprobierens, oder?

Nach ein paar Tagen wird das Wetter endlich besser. Es friert, aber die Sonne scheint. N faßt den Entschluß, auf die andere Seite des Fjords zu fahren und auf Rentierjagd zu gehen. Ich finde das eine ausgezeichnete Idee, denn ich habe langsam, aber sicher genug von unserer dürftigen, vegetarischen Kost.

Außerdem kann ich dann – ohne dauernd durch Ns ständige Streichel- und Annäherungsversuche genervt zu werden – in aller Ruhe den ersten sonnigen Tag genießen.

Noch ganz warm vom Schlafen und vom Tee gehe ich zur Lagune, Wasser holen. Ich begrüße die Hunde und anschließend alle Dinge, die nicht antworten: Guten Morgen, Sonne, Hi, Berg, Gletscher, Hallo, Meer. Ich lasse die Eimer in meiner Hand schaukeln und der Wind schiebt mich über eine Schicht Laguneneis zu der nicht zugefrorenen Stelle, die mit Glaswolle abgedeckt ist. Das Wasser ist trüb. Es schwimmen auch kleine Tierchen darin. Aber bei Herbstbeginn gibt es in der Nähe keine Bäche mit Schmelzwasser mehr und frischer Schnee ist noch nicht gefallen. Es bleibt uns gar keine andere Wahl, als dieses Wasser zu trinken, und mit viel Zucker im Tee schmeckt man davon auch fast nichts. Mit dem letzten Eimer fülle ich die Trinknäpfe der Hunde. Sie kugeln sich vor Genuß. Ich auch. Sie kennen unser Spiel … erst trinken und dann streicheln und kuscheln.

Bamse darf mich in den Arm beißen und Knøtte gibt mir ein Küßchen. Kleine Wijde ist noch ein wenig schüchtern, aber Skøyer legt sich sofort auf den Rücken, so daß ich seinen Bauch kraulen kann. Ich sehe zur Sonne hin, atme tief ein, trinke das Licht und die Wärme der Sonne, fühle wie die Kraft durch meine Adern strömt und bin glücklich. Wie schön kann das Leben doch sein.

Ich weiß nicht, was geschehen ist. Ich habe gut gefrühstückt und wie blöd die schweren Körbe voll Holz für den Ofen geschleppt, und jetzt sitze ich hier, ruhe mich aus und weiß einfach nicht, was ich noch machen soll. Ich kann kein Brot backen, weil ich mich nicht traue, den Petroleumofen anzuzünden, wenn N nicht da ist. Gewaschen habe ich mich gestern und Holzhacken möchte ich nicht schon wieder. Womit könnte ich mich noch allein beschäftigen?

Wie gern würde ich dieses Leben mit jemandem teilen, zusammen genießen und zusammen glücklich sein, anstatt allein. Gemeinsam ich weiß nicht was tun. Ich habe genug davon, alles allein zu machen.

Ein schwermütiges Gefühl überkommt mich plötzlich, hoffnungslose Einsamkeit.

Wo sind die Glücksgefühle von heute morgen geblieben? Es hilft keine Musik, auch nicht die Stille. Weder essen, schreiben, heulen und noch nicht einmal die Sonne hilft. Das schöne Wetter macht mich jetzt traurig und sogar wütend, weil es – anders als vorher – keine Hochstimmung mehr in mir auslösen kann.

Maria Vasalis, deren Gedichtband *Weitgesichter und Gesichter* ich bei mir habe, sagt es so:

Wie ein Hund, ertrinkend, in die Hände
seines Retters beißt,
so beißt mein Gefühl den rettenden
Gedanken,
daß diese Not vorübergeht und daß
solche Nächte
wieder erlöschen werden in der Zeit.

Der erste Ertrinkende ist die Erwartung,
die Hoffnung liegt im Sterben.
Am hartnäckigsten
wehrt sich die Erinnerung. Liebling!

Aus Verzweiflung ziehe ich mich wieder an, um hinauszugehen, nehme das Gewehr und laufe einfach drauflos. Die Berge sehen im Sonnenlicht prächtig aus, aber ich kann den Anblick nicht genießen.

Rudolf, mein Liebster, wo bist du? Warum kannst du nicht hier sein, anstelle dieses irren Pelzjägers? Voller Wut laufe ich viel zu schnell einen Berg hinauf, vor Müdigkeit und Unachtsamkeit strauchelnd, und weil ich nicht schaue, wohin ich gehe. Einmal oben angekommen, werfe ich mich auf einen Stein am Boden und breche in Tränen aus. Was mache ich hier, wenn es mir so weh tut? Was tu ich mir bloß an? Verdammt noch mal, warum? Aber niemand gibt mir eine Antwort.

Noch immer in Tränen und ganz laut »Let it be« singend, trotte ich wieder hinunter. Langsam gewinne ich die Kraft zurück, um weiterzugehen. Ich kann zwar in meiner Trauer verharren, aber wenn es nichts und niemanden gibt, um mich daraus zu befreien, muß ich es schließlich selber tun. Ich blicke zur Sonne und atme tief die reine Frostluft ein. In der Ferne entdecke ich ein Paar Elfenbeinmöwen. Sie glänzen schneeweiß im Sonnenlicht und tänzeln zierlich um die Hütte herum auf der Suche nach einem Leckerbissen. Sie sind schön. Gott sei Dank, doch noch etwas Schönes.

Am späten Nachmittag kommt N zurück und sorgt für Ablenkung. Er hat fünf Rentiere erlegt, genug für den ganzen Winter. Gemeinsam hieven wir die in Stücke zerlegten Tiere auf ein drei Meter hohes Gestell, dorthin, wo auch das Fleisch für die Hunde hängt. So können wir wenigstens von den Eisbären nicht bestohlen werden. Das Fleisch muß erst eine Woche lang aushängen, bevor es in küchengerechte Portionen verarbeitet werden kann. Die Teile sind kalt und schwer, aber die harte Arbeit tut mir gut. Er hat auch die Häute mitgebracht, und wir hämmern sie mit der Innenseite nach außen zum Trocknen an die Wand. Die Häute eignen sich angeblich gut als Matratzen.

Mir scheint, daß die erfolgreiche Rentierjagd N guttut. Er wirkt fast stolz und hat wieder Mut gewonnen. Nach dem Essen taucht eine Flasche Cognac auf, denn, so N, es ist Samstag, es muß getrunken werden und es muß gemütlich sein. Ich finde es eigenartig, mitten in der Wildnis diesen Gewohnheiten aus der bewohnten Welt nachzuhängen, aber ich trinke natürlich gern ein Gläschen mit.

Wie er mich von seinem Stuhl aus ansieht, bewegt sich eine Wolke der Erwartung langsam über den Tisch auf mich zu. Ich drücke mich in die Ecke der Bank, kann mich aber letztlich nicht entziehen. Es macht mich nervös. Er sagt nichts, mustert mich nur unaufhörlich. Da auch ich nichts zu sagen weiß, flüchte ich mich weg aus der Wirklichkeit und beginne zu schreiben. Schreiben als Beschäftigung, als Mittel, die Stille und seine Erwartung zu negieren.

Es muß Schluß sein mit diesen Unklarheiten zwischen uns. Solange er sich wünscht, mit mir zu schlafen, fühle ich mich verletzlich und unfrei. Ich habe es schon aufgegeben, spontan und fröhlich zu sein. Immer wenn ich lache, fühle ich sofort seinen Arm um meine Schulter und, wenn ich ihn nicht schnell genug von mir abschüttle, Küsse im Nacken. Entgegen meiner Natur bin ich still und in mich gekehrt. Und ich werde verdrießlich, wenn ich mich nicht mitteilen kann. Denn Eindeutigkeit muß herrschen, aber wie kann man deutlich werden mit diesem beschränkten Wortschatz, und ohne ihn zu verletzen? Wie soll ich meinem einzigen Mitmenschen klarmachen: »Ich bin nicht in dich verliebt, und ich finde dich zudem nicht mal aufregend genug, um so zu tun, als wäre ich es. Eigentlich finde ich dich ziemlich doof. Dein Körper und dein Geruch stoßen mich ab, und ich verachte deine Unsicherheit und deine Unfähigkeit, die Dinge zu akzeptieren.« Wie kann ich das alles sagen, ohne daß die Situation eskaliert? Es darf nicht schiefgehen. Oder muß es einmal richtig eskalieren, damit es dann anders werden kann? Kann ich das wagen, mit dem Risiko, daß es dann vorbei ist? Ich kann hier vorläufig nicht weg. Nein, ich kann es nicht wagen. Nicht jetzt zumindest, ich stehe auf zu wackligen Beinen.

Nach nunmehr schon dem dritten Glas Cognac setzt er sich neben mich und startet, gestärkt durch den Alkohol, einen neuen Verführungsversuch. Eine Umarmung hier, eine Küßchen da. Ich antworte nicht, ich weiß schlicht nicht, wie. O Gott, die Umarmungen, wie wünsche ich mir Nähe, es scheint so lange her, daß ich Trost und Ruhe fand an einer warmen, weichen Schulter. Aber der Geruch der Spannung und der Unsicherheit, der ihn umgibt, hält mich ab. Er stinkt. Ich gehe schlafen, das heißt genausoviel wie nein.

»Allein?«

»Ja, allein!«

Er trinkt mit einem Schluck sein Glas leer, aber er läßt mich nicht gehen. Er fordert eine Erklärung. Erneut erzähle ich ihm, daß ich Rudolf liebe, daß wir eine so schöne Zeit zusammen hatten, daß ich das noch nicht vergessen kann.

»Du mußt warten.«

»Den ganzen Winter?« fragt er wieder.

Tja, das weiß ich auch nicht. Werde ich mich je in diesen Mann verlieben? Ich bezweifle das, habe aber nicht den Mut, es so deutlich zu sagen.

»Vielleicht. Vielleicht nicht.«

Vergiß es und warte ab! Laß uns versuchen, erst normal miteinander umzugehen und Freunde zu werden. Dann sehen wir weiter. Als ich aufstehen will, bettelt er fast: »Für eine Nacht?!«

»Nein, ich gehe jetzt ins Bett.«

»Fünf Minuten, nur fünf Minuten?!«

»Nein, ich gehe jetzt ins Bett.« Und ich erhebe mich resolut, um mir noch die Zähne zu putzen. Im Spiegel sehe ich mein erschöpftes Gesicht und im Hintergrund Ns Gesicht; er sitzt noch auf der Bank und blickt traurig in sein wieder gefülltes Glas. Und morgen, geht mir durch den Kopf, als ich mich wasche, hat dieselbe Heleen mit demselben N genau dasselbe Problem. Kein Notausgang in Sicht.

An einem der nächsten Tage liegt, als wir von einem Abendspaziergang mit den Hunden zurückkehren, ein Gummiboot am Strand. Wijde, Troll und Chiko stürmen sofort auf die Hütte zu, um den Bekannten zu begrüßen, der breitbeinig in der Tür steht. Sie springen an ihm hoch und kämpfen mit größtem Einsatz um die meisten Streicheleinheiten. Er nimmt sich jeden Hund einzeln vor und schickt sie dann mit einer Bewegung alle fort. Es ist Ragnar, der Pelzjäger, der N den Beruf beigebracht hat. Er wird den nächsten Winter in Norwegen verbringen und hat N im Frühling schon seine drei Hunde vorübergehend überlassen. Er tourt mit seinem Schlauchboot an der Nordküste Spitzbergens entlang und nutzt die Gelegenheit zu einem Besuch. Das ist unerwartete Gesellschaft.

N geht mit ihm unverzüglich in die Hütte, und ich muß mich sehr anstrengen, um alle Hunde wieder an die Kette zu legen. Ich kriege sie kaum weg von dem Gerüst mit dem Fleisch, in dessen Nähe sie nach Speck herumschnüffeln.

Mit stolzem Gefühl, weil es mir schließlich gelungen ist, folge ich den beiden Pelzjägern in die Hütte. Ragnar hat sich breitgemacht auf Ns Stuhl, er lacht und erzählt mit vielen Gesten eine Geschichte. N hat zwei Gläser mit Cognac gefüllt und folgt angespannt den Worten dieses imposanten Mannes.

Ich kuschle mich in meine Ecke der Bank und wünsche, ich hätte schon mit dem Norwegisch-Kurs angefangen. Von dem, was er sagt, verstehe ich kein einziges Wort, aber er fasziniert mich maßlos. Worüber spricht er? Am Ende der Geschichte wird mir eine gestammelte englische Übersetzung zuteil und ich bekomme eine Ahnung, was vorgefallen ist. Ragnar hatte am Tag davor bei Krosspynten – am Fjord schräg gegenüber – einen reichen Fischfang aus dem Wasser geholt. Einen Teil ließ er sich schmecken und den Rest stellte er als Geschenk für uns in einem Eimer in den Flur.

Nach einem letzten Kontrollgang – Schlauchboot gut festgezurrt, Eingangstür verriegelt, Feuer fast aus und Revolver unter dem Kissen – legte er sich früh schlafen. Bis er plötzlich durch das Geräusch von Glasscherben geweckt wurde. Er sah, während er sich aufrichtete, wie sich eine große weißbehaarte Tatze durch das Fenster neben dem Bett schob. In einer Reflexbewegung griff er seinen Revolver und schoß auf den Bären, der versucht hatte, durch das Fenster in die Hütte zu gelangen, auf der Suche nach dem so wohlriechenden Fisch. Vor Schmerz aufheulend ließ der Bär ab. Ragnar sprang schnell in seine Kleidung und folgte dem Bären, um ihn von seinem Leiden zu erlösen. Die halbe Nacht war er dann damit beschäftigt, das Tier zu häuten und das Fleisch auf die Stellage zu takeln. Das Fell und den Schädel hat er mitgenommen und wird beides beim Gouverneur abliefern, denn die Eisbärjagd ist strengstens verboten und die Prunkstücke müssen sofort abgegeben werden.

Was für eine Geschichte; ein bißchen erschrocken bin ich schon. N hatte gesagt, die Bären würden erst im Frühjahr in unsere Gegend kommen, aber offenbar ist nichts so wenig vorhersagbar wie ein Eisbär. Vielleicht sollte ich morgen noch mal einen Tag auf der Schießbahn verbringen. Als der Abend weiter voranschreitet, Ragnar und N noch mehr Cognac trinken, Zigarren rauchen und sich auf Norwegisch unterhalten, hoffe ich auf das Wunder, daß die beiden ihre Plätze tauschen mögen und daß dieser echte Pelzjäger auf Austfjordneset bleiben möge, aber es geschieht nicht. Leider.

Am nächsten Morgen unternehmen wir eine Bootsfahrt nach Krosspynten, um das Bärenfleisch zu holen. Mir wird nicht ganz klar warum, aber ich glaube, N will es an die Hunde verfüttern. Es kursieren Geschichten, daß in früheren Jahrhunderten die Pelzjäger durch den Verzehr von Eisbärenfleisch gestorben sind; die Leber enthält eine tödliche Menge Vitamin A. N behauptet, die Hunde würden das vertragen. Ich kann nur sehr hoffen, daß er damit recht hat. Ragnar hat ein Holzbrett vor das zerbrochene Fenster gehämmert, es ist stockdunkel in der kleinen Hütte. Wenn der Gouverneur von dem Vorfall hört, schickt er bestimmt einen Hubschrauber mit einer neuen Fensterscheibe. Werde ich dann Post von Rudolf bekommen?

Tastend findet N eine Kerze und ich sehe mich um. Ein Ofen ist da, ein Tisch und ein Bett und mehr paßt wirklich nicht hinein. Praktisch, aber nichts mehr als das. Draußen kann ich die Blutspur vom Fenster bis zu einem kleinen Hügel verfolgen, wo der Bär den Gnadenschuß bekam. Das arme Tier hatte natürlich einfach Hunger, aber Ragnar hatte keine Wahl.

Es ist ein schwieriges Unterfangen, die Fleischstücke in das Schlauchboot zu hieven, sie sind bleischwer und fast zu groß für das Boot. Der Weg zurück nach Austfjordneset ist kalt, Wind hat eingesetzt und wir fahren langsam, denn der Außenbordmotor läuft nicht richtig. Außerdem sitze ich auf dem gefrorenen Bären. Sieh dir diese Pfoten an, sie sind doppelt so dick wie mein Oberschenkel und ein einziges Muskelbündel. Die Pranke ist gewiß doppelt so groß wie meine Hand. Lebend würde ich ihm nicht gern die Hand schütteln.

Fröhlich vor sich hin pfeifend spaziert N über den Strand vor der Hütte. Dieses aufgeweckte Pfeifen paßt aber nicht zu der berechnenden Art, wie er sich bewegt und wie er blickt. Angespannt starrt er auf das Wasser, sein Gewehr im Anschlag. Das Meer ist spiegelglatt und auf den ersten Blick gibt es nichts zu sehen, nur ab und zu zeigen sich Wellen an der Oberfläche, wo der neugierige Kopf eines Seehunds auftaucht, der wissen will, woher das Pfeifen kommt. Voller Spannung sehe ich zu. Er muß noch mindestens zehn Ringelrobben schießen, um den Wintervorrat an Hundenahrung sicherzustellen. Hier gibt es kein Chappi zu kaufen. Wenn ich die Tiere im Wasser spielen sehe, kostet es mich vorübergehend Mühe, vor mir selbst zu rechtfertigen, daß N gleich eines erschießen wird. Die Seehunde auf Spitzbergen sind aber nicht, wie ihre Artgenossen im Wattenmeer, vom Aussterben bedroht. »Aber sieh doch, wie sie spielen ... und der eine da hat einen Fisch«, sagt mir mein Mitgefühl betroffen. »Tut dir der Fisch denn nicht leid?« möchte nun die Logik wissen. Das ist richtig, niemand denkt an den Fisch, wenn der Seehund seine Mahlzeit so putzig aus seinen Flossen verschmaust. Aber ein Kaninchen wird wiederum sehr wohl bedauert, wenn es im Maul eines Fuchses gelandet ist. Völlig irrational! In der Natur gibt es nun einmal Jäger und

Beute, das klingt mir vorerst noch am natürlichsten in den Ohren. Und wenn der nächste Metzger einige hundert Kilometer entfernt ist, muß man sich eben selbst um die Mahlzeiten kümmern.

Bleibt noch die Frage, ob der Mensch Fleisch überhaupt braucht. Was ist Notwendigkeit? Wo beginnt Luxus? Ist Luxus an sich etwas Schlechtes? Ich glaube, ich habe noch nicht die passenden Antworten gefunden. Ich möchte erst einmal Einblicke in das Leben eines Jägers gewinnen und erfahren, was dieses Leben für mich bedeutet.

Stunden scheinen vergangen zu sein, bevor ein Seehund direkt vor Ns Visier aus dem Wasser kommt. Peng! Das tote Tier verschwindet für kurze Zeit unter Wasser, kommt aber wegen der dicken Fettschicht, die die Robben im Herbst haben, schnell wieder an die Oberfläche. Wir holen das Tier mit dem Schlauchboot. Das Häuten ist eine blutige Angelegenheit. N trägt einen speziellen fett- und wasserabweisenden Kittel, als er das silbergraue Fell abzieht. Die Hunde werden von dem widerlichen, süßlichen Geruch von frischem Speck unruhig, sie zerren wild an ihren Ketten und fragen sich aufgeregt blaffend, ob jetzt nicht Essenszeit sei. Nachdem das Fleisch hoch oben an der Stellage hängt, darf ich den Kittel überziehen, und ich trenne das Fell fein säuberlich von der Blubber-Fettschicht, die sich wie ein zitternder Pudding anfühlt und ganz entsetzlich stinkt. Ich arbeite mit einem sehr scharfen Messer und bin ängstlich darauf bedacht, nicht das wertvolle Fell zu zerschneiden. Wenn es gelingt, werde ich Handschuhe für Rudolf daraus herstellen.

Die Seehundhaut muß anschließend in warmem Wasser mit grüner Seife gewaschen werden, und zum Schluß spanne ich sie mit kleinen Nägeln an ein hölzernes Gerüst zum langsamen Trocknen. Am Abend versuche ich vergeblich, meine Hände zu reinigen. Der Seehundgeruch ist beim Waschen des Fells in meine Haut eingedrungen. Er läßt sich nicht mehr wegwaschen. Ich schlafe mit meinen Händen so weit es geht unter der Decke, um den ekelerregenden Geruch von meiner Nase fernzuhalten. Während der nächsten Tage verbringe ich Stunden damit, mit einem Löffel die Fettreste aus der Seehundhaut zu kratzen. Jeden Tag trocknet die Haut weiter, und dann kann ich weiteres Fett entfernen. Es entsteht eine prächtige, makellose Haut, nirgends ein Loch, und die silbrigen Haare sind so weich, daß ich sie ständig streicheln möchte. Ich bin stolz darauf. Das Präparieren ist eine Geduldsarbeit, aber es tut mir gut, daß etwas so Schönes nur mir gehört.

Ich springe von einem großen Stein zum nächsten. Schließlich weiß ich inzwischen genau, welche Steine lose liegen und welche nicht. Der Aufstieg über die Gletschermoräne kostet mich deshalb viel weniger Anstrengung als vorher. Ich trage das kleine Gewehr bei mir, um Schneehühner zu jagen, allerdings habe ich hier schon lange keine mehr gesehen. Ich klettere ganz nach oben, um den riesigen Eisfluß zu sehen, der sich zwischen den Bergen hindurch ins Tal windet. Eine scheinbar bewegungslose Eismasse, die wie ein Stilleben aussieht. Ich stehe neben dieser Eismasse und fühle mich mitgenommen in eine Zeitdimension, in der ein Jahrhundert so lange dauert wie ein Schnipser. Ich kann jetzt spüren, wie sich das Eis ächzend ins Tal preßt, wie es Moränenwälle aufstaut und sich in wärmeren Zeiten schmelzend zurückzieht. Ich sitze auf einem Stein, atme tief ein und bin Teil dieses mächtigen Schauspiels, das die Naturgewalten mit dem Eis, dem Wasser und den Steinen aufführen.

Manchmal hört man irgendwo Wasser glucksen. Durch die Reibungswärme fließt sogar noch im Winter Wasser zwischen Gletscher und dem steinigen Boden. Manchmal ertönt ein lauter Knall, als ob ein Schuß abgefeuert würde, aber auch dafür ist das Eis verantwortlich. Sonst herrscht Stille. Die Stille der Ewigkeit.

Ich bewege mich langsam, Stein um Stein wieder den Gletscher hinunter. Die Sonne ist verschwunden, und der Wind bläst kräftig. Es wird kalt. Links von mir erhebt sich eine steile Bergwand. Der Gipfel ist weiß vom Schnee, weiter unten ist der Berg übersät mit gelben und orangefarbenen Moosen. Noch weiter unten bilden Moos und verdorrtes Gras einen dichten Teppich. Nur wenig davon entfernt stehen acht etwa gleich große Moosbüschel ganz nah beieinander. Sie bewegen sich. Ich bleibe stehen und hole langsam das Gewehr von meinem Rücken. Die Moosbüschel sind Schneehühner. Auf dem Bauch liegend krieche ich vorsichtig auf sie zu. Bei einer Entfernung von zwanzig Metern müßten sie mich bemerkt haben, aber sie bleiben einfach sitzen und picken im Moos nach Eßbarem herum. Ich richte das Gewehr auf den Vogel, der sich in der Gruppe am weitesten außen befindet und fühle, wie Jägerinstinkt in mir erwacht! Ich bin überrascht. Woher kommt denn das nun?

»Genieße noch das letzte Körnchen, schönes Tier. Ich hoffe, du hast ein gutes Leben gehabt. Gleich ist es vorbei und du bist tot.«

Ich schieße. Federn fliegen, das Tier springt auf und setzt sich etwas entfernt wieder hin. Verdammt. Daneben. Diese Vögel bestehen ja wirklich fast nur aus Federn. Trotz des lauten Knalls bleibt die ganze Familie einfach sitzen. Ist ihnen nicht bewußt, was hier geschieht? Ich lade das Gewehr erneut und versuche es noch einmal. Ich ziele so genau wie möglich auf denselben Vogel, erzähle ihm über den Vogelhimmel und ziehe den Abzug. Ohne das geringste Geräusch von sich zu geben, fällt er um. Getroffen. Die anderen Vögel zeigen keinerlei Reaktion, ich könnte noch einen schießen, aber ich renne zu dem einen hin, weil ich sehen will, ob er wirklich tot ist. Jetzt fliegen die anderen Schneehühner überrascht hoch, aber mein Opfer bewegt sich nicht mehr. Trotzdem schneide ich zur Sicherheit seine Kehle durch. Mit dem warmen, schlaffen Bündel Federn in der Hand bewege ich mich den Hügel hinunter. Die Schneehuhn-Familie fliegt gemeinsam auf die andere Seite des Gletschers und macht sich wieder auf Nahrungssuche. Ich bin froh, daß sie weggeflogen sind. Jedes Tier soll die Möglichkeit zur Flucht haben; die Jagd ist nach meinem Gefühl dann weniger unfair. Jetzt, da ich selbst ein Tier geschossen habe, haben auch die Eisbären das »Recht«, mich zu verspeisen. Das sind die Spielregeln, das ist das Leben. Habe ich deswegen plötzlich das Gefühl, ein wesentlicher Bestandteil dieser Welt zu sein? Ich bin hier zusammen mit anderen Lebewesen – auch mit solchen, die nicht mehr leben und auf meinem Teller landen.

Zu Hause hänge ich den Vogel an die Wand und gehe auf eine Tasse Tee in die Hütte. Eine schwere Wolkendecke zieht rasch über den Fjord hinweg nach Norden. Der große Gletscher, der sich am Fjordeingang wie eine große weiße Zunge in Richtung See erstreckt, ist hinter einer Nebelwand verschwunden. Die Welt sieht grau und düster aus. Hinter dem Fenster sehe ich, wie die ebenfalls graufarbenen Sturmvögel gegen den Wind nach Süden fliegen. Sturmvögel sind blöde, häßliche Wesen. Im Norwegischen heißen sie »havhest«, was wörtlich übersetzt Meerpferd heißt, aber ich finde sie sehen aus wie fliegende Dackel, wie Würstchen mit Flügeln. Ich muß aber eingestehen, daß es erstaunlich ist, wie sie mit wenigen Bewegungen so schnell gegen den Wind fliegen können, oder besser gesagt gleiten können, denn sie wirken, als wären sie selbst für den geringsten Flügelschlag zu faul. Witzig ist, daß manche besonders verschlafene Exemplare einfach nicht aufpassen wenn sie über Austfjordneset fliegen und den Antennendraht erst bemerken, wenn es für ein Ausweichmanöver zu spät ist.

Wenn ich da bloß an Elfenbeinmöwen denke, diese schneeweißen Möwen, die ausschließlich in der Arktis leben. Man weiß noch nicht einmal genau, wo sie den Winter verbringen. Diese Möwen haben etwas Anmutiges, irgendwie auch etwas Geheimnisvolles an sich. Viele Ornithologen kommen nach Spitzbergen, um Elfenbeinmöwen zu sehen und zu fotografieren, aber häufig müssen sie unverrichteter Dinge wieder nach Hause zurückkehren. Die aasfressenden Möwen zeigen sich nur äußerst selten. So bin ich ziemlich stolz darauf, daß sie uns fast täglich besuchen, um ein wenig von unserem Vorrat an Seehundfleisch zu stiebitzen. Heute habe ich sie noch nicht gesehen. Die Dreizehenmöwen sind auch seit einigen Tage nicht mehr in der Lagune gewesen. Ich sorge mich wegen ihrer Abwesenheit. Könnte es sein, daß sie schon in Richtung Süden verschwunden sind? Lassen sie mich jetzt allein?

Ich könnte dafür schon Verständnis aufbringen, angesichts dieses miesen Wetters. Jeden Morgen wenn ich aufwache, hoffe ich, es möge klar sein, so daß der Hubschrauber die Ersatzscheibe für Krosspynten bringen könnte. Ich würde so gerne Post bekommen! Wie es Rudolf wohl damit geht, daß ich ihn nicht mehr jeden Morgen wecke? Vermißt er mich?

Ich schrecke immer hoch und horche, wenn die Hunde ihr klagendes Geheul anstimmen. Sie hören etwas, was ich noch nicht hören kann. Was? Aber nie ertönt in der Stille das erlösende Knattern der Hubschrauberflügel. Vorläufig muß ich mich damit abfinden, keinen Brief von Rudolf zu bekommen.

Plötzlich eine Veränderung im grauen Panorama. Ein Sonnenstrahl bricht durch die Wolken und spiegelt sich in den gefrorenen Seitenarmen des Flußdeltas. Ich fühle mich wie eine dicke, zufriedene Katze und sitze schnurrend vor dem Fenster.

»Kommst du mit, Holz holen?«

N betritt die Hütte mit der Kettensäge in der Hand.

»Hmhm.«

Ich ziehe meine Regenhose und meine Stiefel an, er schleift die Sägeblätter. Wir holen mit dem Schlauchboot unseren Wintervorrat an Holz. Es scheint widersprüchlich, daß hier in diesem Tundragebiet, wo die Vegetation nirgends höher als fünfzehn Zentimeter steht, die Strände mit dicken Baumstämmen übersät sind. Nirgends gibt es einen Wald, und doch gibt es seit Jahrhunderten genug Holz sowohl für den Bau von Holzhütten als auch zum Heizen der Holzhütten während der langen arktischen Nacht. Es handelt sich um Treibholz aus Sibirien, das mit dem Treibeis um den Nordpol herum geführt wird, und das dann auf Spitzbergen anspült. Das war schon vor tausend Jahren so und noch immer kommt neues Holz hinzu. N muß wahrlich nicht befürchten, in einem der kommenden Winter frieren zu müssen. An der Westseite der kleinen Insel, direkt vor der Küste, liegen unzählige dieser sehr dicken Baumstämme. Wir suchen möglichst trockene Stämme aus, N sägt sie in transportable Stücke und ich schleppe sie zum Boot. Ein wenig von uns entfernt ragen die Spanten von etwas, das einmal ein Schiff gewesen sein muß, aus dem Sand. Wieder ein Stückchen weiter liegen die Reste einer Kajüte und kleine Fässer. Mehr ist nicht zu sehen, aber das Ganze übt eine magische Anziehungskraft aus. Was ist hier geschehen? Nahe der felsigen Nordspitze der Insel liegt ein riesiger Walfischschädel am Strand, er reicht mir fast bis zur Schulter. Deutlich ist das Nasenbein zu sehen und die Höhle, in der der meterlange Knorpel saß. Die Knochen sind von der Sonne weiß gebleicht; sie fühlen sich rauh an. Aus der Nähe betrachtet, sehen die Knochen porös aus, mit zahllosen winzigen Löchlein, aber sie sind dennoch steinhart. Wann hat dieser Walfisch hier gelebt? Vielleicht um 1596, als Willem Barents in seinem Versuch, einen nördlichen Seeweg nach Indien zu finden, als erster die spitzen Berggipfel im Westen sah? Oder wurde er von den Walfischfängern, die in den darauffolgenden zweihundert Jahren die Meere um Spitzbergen unsicher machten, verfolgt und getötet? Oder gehörte er zu denjenigen, die die Raubzüge überlebten? Wer könnte das jetzt noch beantworten? Ehrfürchtig verabschiede ich mich von seinen Resten und widme mich wieder den Baumstämmen.

Der letzte Brocken ist so schwer, daß ich ihn zum Boot rollen muß. Blödsinnigerweise müssen die Holzstücke nachher wieder vom Strand zur Hütte hochtransportiert werden! Ich bin schon völlig erschöpft, aber N macht verbissen weiter. Nur nicht schwächeln, ermahne ich mich selbst, weitermachen. Ich werde ihm zeigen, daß Frauen auch für anderes gut sind als nur fürs Bett.

Heute ist endlich schönes Wetter, es ist vollkommen klar, der ganze Gletscher und sogar die Berggipfel darüber sind gut sichtbar. Aber es ist Samstag, und am Wochenende arbeiten die Beamten auf dem Flughafen nicht. Ich muß mir den Hubschrauber aus dem Kopf schlagen. Ich gehe los, Wasser holen. Wasser holen ist zu meinem Morgenritual geworden. Es ist herrlich, den Tag damit zu beginnen, hinauszugehen, die Umgebung, die Sonne (vielleicht auch keine Sonne) zu genießen und mit den Hunden herumzutollen. Ein guter Start ist schließlich die halbe Arbeit.

Es muß heute nacht sehr stark gefroren haben, denn ich benötige ein Beil, um an das Wasser heranzukommen. Die Wassermenge unter dem Eis wird geringer, das Wasser jeden Tag etwas trüber; ich werde es nachher einmal am Strand hinter der Lagune versuchen. Dort spülen bei Südwind Eisberge, die von den Gletschern abbrechen, an den Strand. Dieses Eis ist Tausende von Jahren alt, es entstand lange bevor es Luftverschmutzung und sauren Regen gab. Ich kann mir kein reineres Wasser vorstellen.

Plötzlich stimmt Knøtte mitten in das fröhliche Guten-Morgen-Gekläff hinein einen Klagegesang an, und es dauert nicht lange, bis die anderen Hunde ihr folgen. Könnte vielleicht doch …? Nein, es ist Samstag, winke ich ab und hacke unbeirrt weiter, um das Loch im Eis zu vergrößern. Mein Rücken schmerzt von der Arbeit. Ich richte mich auf, um meine Wirbelsäule zu strecken. Höre ich da etwas? Ja, tatsächlich … ganz langsam tönt das Geräusch des Hubschraubers durch das Hundegeheul hindurch. Wenig später sehe ich ihn über dem Gletscher wie eine dicke Fliege in der Luft hängen. Er kommt, es gibt Post für mich! Aufgeregt laufe ich zurück.

»Der Hubschrauber, der Hubschrauber kommt.«

N hat es auch gehört, lachend steht er in der Tür. Hubschrauber sind genauso unberechenbar wie Eisbären.

Wie ist so etwas nur möglich? Ich kann es nicht fassen! Sie haben die Post vergessen! Klar, so ein Pilot hat seine Frau und seine Kinder in Longyearbyen wohnen und kommt gar nicht auf den Gedanken, daß Post so wichtig sein kann, aber ich finde es trotzdem ungeheuer nachlässig. Ich habe also immer noch keine Nachricht von Rudolf. Aber Annette, die niederländische Krankenschwester, hat ein großes Paket mitgegeben: gelbe Rüben, Kohl, Tomaten, Orangen, Buttermilch, Seife und Eisentabletten. Und das obwohl ich sie in Longyearbyen nur einmal gesehen habe, sie kennt mich kaum. Wie lieb von ihr.

N berichtet dem Piloten von den Problemen mit unserem Petroleumofen. Wir können kein Brot mehr backen, wenn er wieder seinen Geist aufgibt. Der Pilot verspricht uns, nächste oder übernächste Woche einen Holzofen mit eingebauter Backröhre zu bringen. Diesen Service lassen wir uns gern gefallen, und dann könnten sie ja gleich die Post mitbringen. Denn jeder Hubschrauber kann der letzte Hubschrauber vor Weihnachten sein.

Ich werde nun Brot backen, höre nebenbei schöne Musik, kein Ärger mit N, weil der draußen am Werkeln ist. Während ich den Teig knete, schießt mir der Gedanke durch den Kopf, daß ich mit dem Hubschrauber nach Hause hätte fliegen können. Ich hätte von hier weggekonnt. Das Seltsame ist, daß keine Faser von mir daran gedacht hat. Ich muß lachen. Offensichtlich wollte ich, trotz aller Schwierigkeiten mit N, noch nicht weg. Die Sache hier scheint mir wichtig zu sein, obwohl ich so viele Hochs und Tiefs erlebe. Ein schönes Gefühl. Es gibt mir Kraft und den Willen, weiterzumachen.

Der Brotteig steht zum Gehen auf dem Herd und ich mache zwischendurch Pfannkuchen zum Mittagessen, denn es ist kein Brot mehr da von der letzten Backrunde. N kommt zum Mittagessen und erzählt irgendein unverständliches Durcheinander über das Ventil am Schlauchboot. Es war angeblich undicht, und er hat es auseinandergenommen und ohne Veränderung wieder eingesetzt, und jetzt ist es wieder gut, sagt er. Er muß unbedingt nach Flattøyhytta fahren, einer kleinen Hütte ungefähr zwanzig Kilometer in Richtung Norden, und dort für den Winter einen Holz- und Proviantvorrat anlegen. Wenn er später zum Kontrollieren der Fuchsfallen mit dem Schlitten unterwegs sein wird, wird er dort öfter übernachten, und das will gut vorbereitet sein. Er lehnt meinen Vorschlag, zu Fuß zu gehen, ab; die Motorsäge und der Proviant wären viel zu schwer, meint er.

»Kommst du mit?«

Der Wetterbericht hat Nordwest, Windstärke fünf vorhergesagt, vorläufig ist es aber noch windstill und nicht sehr kalt: zehn Grad unter Null. Wenn es nachher kräftig weht, haben wir für die Fahrt nach Hause Rückenwind, dann wird unser Boot es schon schaffen. Sollte das Boot Probleme mit dem Motor bekommen, dann weht der Wind uns halt zurück. Also gut, ich komme mit, der Brotteig kann bis heute abend warten.

Die letzten Male, als wir das Schlauchboot benutzten, lief der Motor schlecht. Ich habe daraufhin die Bedienungsanleitung gelesen und kam zu dem Schluß, daß der Motor wohl zu niedrig am Boot befestigt ist. Ich zeige N die Abbildung mit den Maßangaben und bringe ihm die Idee nahe, ein Stückchen Holz dazwischen anzubringen. Er nimmt sich meinen Rat zu Herzen, greift willkürlich ein Stück Holz, hämmert es mit drei großen Nägeln fest und merkt dann verblüfft, daß der Motor jetzt viel zu hoch hängt.

Mit verbissener Miene geht er auf die Suche nach einem dünneren Holzstück. Der Gedanke an einen Zollstock und daran, einfach nachzumessen, liegt ihm offensichtlich fern. Außerdem hat er das erste Stück so kräftig festgehämmert, daß er es jetzt nicht mehr losbekommt. Wie ich ihn beobachte, sehe ich wieder diesen wüsten Blick in seinen Augen; er fängt zu fluchen an, und ich weiß, daß der Zeitpunkt für vernünftiges Handeln schon überschritten ist. Er wird ärgerlich, legt den Motor unsanft zur Seite und wirft wütend mit Werkzeug um sich, weil er die passende Kneifzange nicht findet. Schließlich bearbeitet er das Holzstück mit einem Beil. Okay, ich werde einen Zollstock und einen Winkel besorgen, den benötigten Abstand berechnen und dann kann ich N sagen, daß auch sein zweites Stückchen zu groß ist. Willig kürzt er das Klötzchen, aber ich frage mich, ob ihm gar nicht bewußt ist, daß ihm das auch selbst hätte einfallen können. Ein normaler Mensch macht sich doch erst klar, was er tun möchte, und macht es dann, oder?

Vor der Abfahrt pumpe ich noch etwas Luft in das Schlauchboot. Zu meiner großen Überraschung höre ich, wie die Luft genauso schnell wieder entweicht.

»Hey, Nils, hör dir das an, die Luft kommt einfach wieder aus dem Ventil heraus.«

»Ja, ich weiß. Das ist schon okay.«

»Hast du ausprobiert, wie lange es dauert, bis es leer ist?«

Er sieht mich leicht dösig an. Ich bin mir sicher, daß er mich versteht; ich kenne sein englisches Vokabular vielleicht sogar besser als er, aber dieser Gedanke ist ihm offensichtlich völlig neu.

»Wir können ja wieder nachpumpen«, erklärt er strahlend, als wäre ihm etwas Geniales eingefallen.

Ich setze mich verzweifelt hin. In Richtung Norden gibt es keine Strände mehr, die Berge fallen senkrecht ins Meer ab. Wo, in Gottes Namen, sollen wir Luft nachpumpen? Ich weiß es nicht. Was soll ich nur mit einem lecken Boot, einem schlecht funktionierenden Motor und diesem einfältigen Pinsel, der von nichts eine Ahnung hat, aber eine Tour von vierzig Kilometern unternehmen will, noch dazu bei schlechter Wettervorhersage?

»Du bist ja bescheuert. Verrückt!«

»Ja, ich bin verrückt«, entgegnet er stolz.

Sieht er sich tatsächlich als den Helden, der allen Gefahren trotzen wird?

»Nein, du bist nicht verrückt, du bist wahnsinnig«, werfe ich ihm bissig vor. Den Unterschied versteht er natürlich nicht, aber ich mache mir nicht die Mühe, es ihm zu erklären.

Oder könnte es sein, daß ich zu vorsichtig bin? Zu mißtrauisch? Vielleicht gehört auch dieser Konflikt in das Kapitel »Wer auf Entdeckungsreise gehen will, muß seine eigenen Maßstäbe in Frage stellen«? Andererseits geht es hier um Sicherheit, um mein Leben, verdammte Sch ...! Ich ringe mich dazu durch, doch mitzufahren. Ich will schließlich mehr sehen, als nur unsere Holzhütte. Aber vorher will ich wissen, wie lange das Boot einigermaßen luftgefüllt bleibt. Die Antwort ist acht Minuten. Das ist viel zu wenig, aber wir machen uns doch auf den Weg. Es ist immer noch windstill, das Meer ganz ruhig.

Als die Küste hinter uns liegt und das Ende des Fjords vor unseren Augen erscheint, sehe ich bereits die Boten des Nordwinds hängen: schwere, düstere Wolken bauen sich dort auf, als würden sie, auf den Startschuß wartend, sich gegenseitig hinter der Startlinie verdrängen. Nach vier Minuten ist das Boot bereits so weich, daß es in der Mitte einknickt. Das gefällt mir ganz und gar nicht. Der Außenbordmotor gibt trotz Holzblock eigenartige Geräusche von sich. Ich kann keine Ursache erkennen und die eingebauten Warnsysteme des Motors schweigen in allen Sprachen. Dann steht plötzlich Wasser im Boot. Woher kommt das denn nun?

N zuckt nur mit den Schultern. Interessiert es ihn wirklich nicht? Es reicht mir. Ich habe keine Lust mehr, mich deswegen aufzuregen. In Wirklichkeit spottet es jeder Beschreibung, daß wir hier mit einem derart zweifelhaften Boot ohne Überlebensanzug, sogar ohne Schwimmweste unterwegs sind. Die Wassertemperatur liegt beim Gefrierpunkt, keine denkbare Hilfe in der Nähe, sogar unsere Hütte ist weit weg.

Nach sieben Minuten läßt N mich am letzten Stückchen Strand aus dem Boot steigen (ich habe also nicht umsonst mein Gewehr mitgenommen). Mit dem noch weicher gewordenen Schlauchboot kann man fast nicht mehr fahren, er pumpt etwas Luft nach und fährt wieder ab. Mit einem Kopf voller Frage- und Ausrufezeichen gehe ich zu Fuß nach Hause zurück.

Wie kann es so etwas nur geben? Wie kann so ein Mann hier überleben? Und abgesehen davon, was tue ICH bei so einem Mann? Gott oder mir oder wem auch immer sei Dank, daß ich unabhängig genug bin, um für mich selbst zu entscheiden. N muß allein wissen, wie weit er gehen will. Und, tja, vielleicht geht alles glatt, aber dann habe ich mir wenigstens einen Tag Ärger und Sorgen erspart.

Eine Erfahrung reicher und eine Illusion ärmer: Er ist nicht nur kein Mann, auch der Wert seiner fünf Jahre Erfahrung im arktischen Lebensraum wird unter diesen Umständen zweifelhaft.

Langsam schlendere ich über den Strand. Knapp unter der Wasserlinie stoße ich kleine nasse Steine vor mir her. Sie glänzen und im Licht der niedrigstehenden

Sonne erhalten sie eine warme Glut. Um drei Uhr wird die Sonne schon untergehen. In drei Wochen wird sie völlig hinter dem Horizont verschwinden. Solange sie da ist, genieße ich sie intensiv. Sie ist meine große Mutter, die lebenspendende Quelle, die mir Kraft gibt. Ich fange an, ein Lied von Herman van Veen zu singen, über ein kleines Mädchen auf einem Fahrrad, die Haare wehend im Wind. Ich bin glücklich. Es ist schade, daß N und ich uns immer wieder in die Quere kommen. Dieses Leben könnte so schön sein, aber er macht es einfach kaputt. Wie kann ich glücklich sein, neben so einem frustrierten Idioten?

Dann fällt mir ein: Ragnar, der Pelzjäger von Mushamna, kommt im Frühling zurück nach Spitzbergen! Er ist wenigstens ein »richtiger Mann«, er könnte mir alles beibringen, er würde mich verstehen. Ich möchte dann umziehen und das restliche Jahr bei ihm verbringen. Dieser Gedanke beflügelt mich. Hüpfend bewege ich mich weiter. Ragnar, here I come!

Bei der Hütte angekommen, beschließe ich, daß die Seehundhaut lange genug trocknen konnte. Nach kurzer Suche finde ich die Anleitung, wie man Handschuhe macht, und ich versuche, die Vorlage so auf dem Fell anzubringen, daß die schwarzen Ringel im Fell symmetrisch erscheinen.

Wind kommt auf, die schwarze Wolkenmasse nähert sich schnell. Wo ist N? Fährt das Boot noch? Er hat kein Walkie-talkie bei sich. Wenn er im Norden nicht mehr abfahren kann, werde ich nichts anderes machen können, als abzuwarten, ob und wann er wiederkommt ...

Eine Stunde später, als ich gerade dabei bin, das Muster auszuschneiden, höre ich, wie die Hunde zu ihrem heulenden Willkommensgesang ansetzen. Schon wieder ein Hubschrauber? Ich stürze hinaus, aber ich sehe nichts. Die Wellen klatschen immer stärker an den

Strand. Kann man zwischen diesen Wellen in einem lecken Schlauchboot fahren? Ich bezweifle es. Ich möchte das Fernglas holen und entdecke im Norden ein tanzendes rotes Pünktchen. Gott sei Dank, es ist doch gutgegangen, da ist N.

Kurz darauf erscheint er ganz fröhlich in einem Etwas, das man kaum mehr Schlauchboot nennen kann. Es ist mir schleierhaft, wie man in einem solchen Boot fahren kann, aber N verhält sich so, als wäre das die natürlichste Sache der Welt. Was soll's? Er ist doch noch am Leben, oder?

Am nächsten Tag nimmt der Wind zu bis es richtig stürmt. Abwechselnd verschwinden die Berggipfel hinter lose treibenden Wolkenschwaden, die Gletscher bleiben unsichtbar. Ich schließe meine Augen, höre das Tosen des Meers, den Wind, der die Antenne pfeifen läßt und wiege mich in der Vorstellung, auf einem Segelboot zu sein. Weit weg von hier. Bis N das Radio einschaltet. Der Wetterbericht verspricht für die nächsten Tage keine Wetterbesserung. Es gibt den ersten richtigen Herbststurm.

Der eisig kalte Nordwind schneidet mir ins Gesicht, als ich nach draußen gehe, um zusätzliches Holz zu hacken – die Blöcke scheinen schon abgebrannt zu sein, bevor man die Ofentür schließen kann. Bei diesem Wetter kann man nicht lange draußen bleiben, schnell gehe ich wieder in die Hütte. Aber, um was zu tun? Abends kann ich mich stundenlang mit Lesen und endlos langem Briefeschreiben beschäftigen, aber tagsüber will ich etwas arbeiten, mich mit den Dingen hier auseinandersetzen. Ich will kein Tourist oder Passagier sein. Bücher lesen kann ich auch zu Hause. Es befriedigt mich, wenn ich arbeite, und wenn ich neue Dinge kennenlerne, bekommt mein Aufenthalt hier einen Sinn.

Wenn ich etwas Sinnvolles tue, bin ich jemand. Aber wer bin ich, wenn es nichts zu tun gibt?

Lustlos gehe ich umher und beschließe dann, meine Socken zu stopfen. Ich habe Nadeln, aber für Wolle muß ich erst eine von den Socken auftrennen, die ich nicht unbedingt brauche. Knallgrün für rote Socken.

N sitzt währenddessen auf seinem Stuhl, mit einer großen Kanne Kaffee in Reichweite, und tut gar nichts. Auf seiner Tischseite liegen ordentlich gestapelt, sein Tagebuch, sein Norwegisch-Englisch-Wörterbuch, ein Schreibblock und ein Krimi. Ab und zu nimmt er eines davon in die Hand, blättert darin und legt es mit größter Genauigkeit wieder zurück. Das Sendegerät wird eingeschaltet und ausgeschaltet, wieder eingeschaltet, auf einen anderen Sender eingestellt und wieder ausgeschaltet. Dann starrt er einfach ins Leere. Woran denkt er während der vielen Stunden?

Alle Löcher sind gestopft, erneut steht die Frage »Was soll ich jetzt tun?« im Raum und ich fühle, wie Niedergeschlagenheit Stück für Stück von mir Besitz ergreift. Die Stimmung Hoffnungslos lauert immer neben mir auf der Bank und schlägt dann zu, wenn die Beschäftigung ausbleibt. Ich kann mich aber gerade noch davor retten, indem ich eine Verzierung an das Bündchen der Socken sticke. Schönes Grün ist nicht häßlich.

N hat sich mühsam erhoben und teilt mir mit, daß er Waffeln backen wird. Bei schlechtem Wetter muß man Waffeln essen. Das Waffeleisen ist schmutzig und ein bißchen verrostet. Er hat Mühe, es zu reinigen. Es überrascht mich dann auch nicht, daß die ersten Waffeln entsetzlich anbacken, aber N sieht das völlig anders. Erst leise, dann mit zunehmender Lautstärke schimpfend, steht er vor dem Herd. Ist die Hitze vielleicht zu gering? Mit saurem und unzufriedenem Gesichtsausdruck hackt er Holz in ein paar kleine Stücke, um das Feuer anzufachen, und ich kann mein Lachen kaum zurückhalten, als er fast seine Finger trifft. So ein Trottel.

Trotzdem wollen die Waffeln noch immer nicht goldgelb werden. Kurz sieht es so aus, als würde er aufgeben. Das Waffeleisen landet mit Wucht auf dem Stapel Holz; die Waffeln gefaltet in der Asche. Wütend setzt er sich hin und schaltet zum x-ten Mal das Sendegerät ein.

»Keine Waffeln?« kann ich mir nicht verkneifen zu fragen.

Er grummelt etwas über das Waffeleisen, und während ich mich wieder in meinen Brief vertiefe, versucht er es doch noch einmal.

Und, ich gebe es gerne zu, schließlich schmeckten sie ganz köstlich. Zu köstlich eher, denn ich habe zu viele gegessen. So lange man ißt, geht es noch, aber dann ... bah. Fix und fertig liege ich auf der Bank zur Verdauung. Unzufrieden mit mir und meinem dicken Bauch. Ab morgen Diät, aber das hilft mir jetzt nicht weiter. Ich komme mir vor wie eine Boa constrictor, die einen Elefanten verzehrt hat. (Hast du schon einmal die Zeichnung in *Der kleine Prinz* gesehen, frage ich Rudolf in meinem Brief. Das sieht aus wie eine Melone. Im Moment kann ich selbst nicht darüber lachen.) Also, mich langweilen und nutzlos fühlen, ist schon schlimm genug, mich aber mit einem überfressenen Bauch nutzlos fühlen, grenzt an Selbstverachtung. Stimmung Hoffnungslos greift jetzt definitiv nach mir. Ein letzter Versuch, etwas Sinnvolles zu tun, etwas, an dem ich mich hochziehen kann, scheitert. Ich fürchte, daß ich für heute verloren bin. Bah.

Auch das Thermometer kann mich nicht faszinieren. Es zeigt minus einundzwanzig Grad, der Kälterekord in den viereinhalb Wochen, seit ich hier bin. Mir kommt es vor, als wäre ich schon viel länger hier. Mein Leben an Bord der *Plancius* scheint weit, weit weg. Dieses fröhliche Miteinander, meine Freunde und eine glückliche Heleen mittendrin. Ein Leben ohne Freunde erscheint mir wie koffeinfreier, löslicher Kaffee. Trotz der Illusion schmeckt es nicht. Die permanente Begegnung mit sich selbst macht das Leben so kompliziert. Ich fühle mich ausgelaugt.

Was für eine Veränderung in meinem Leben erfolgt ist, durch eine simple Entscheidung! Unausweichlich stellt sich mir die Frage, ob ich im nachhinein zufrieden bin mit der Entscheidung, hierzubleiben. Meine Gedanken gehen zurück zu dem Tag, an dem die *Plancius* von hier zurück in Richtung Niederlande aufbrach, und ich allein an der Anlegestelle von Longyearbyen zurückblieb. Ich warf die Trossen los, die Maschine gab die vertrauten Töne von sich und das Schiff entfernte sich. Mein Zuhause, mein liebster Freund, alles, was ich in diesem fremden Land hatte, entfernte sich von mir. Zweimal bliesen sie das Horn. Die Menschen am Achterdeck wurden immer kleiner, und ich saß heulend wie ein Häufchen Elend am Kai. Ich fühlte mich ... ich fühlte mich, ja, wie in dem Traum von letzter Nacht.

Stück für Stück kam die Erinnerung wieder. Ich hatte geträumt, daß ich mich umbringen wollte. Es war kein deutlicher Grund vorhanden, aber ich erinnere mich ganz klar, daß ich das Gefühl hatte, in ein schwarzes Loch zu fallen, beziehungsweise etwas zu tun, wovon man absolut nicht weiß, welche Folgen es hat. Die Menschen in meiner Nähe verstanden überhaupt nichts. Nur Rudolf blieb neben mir und unterstützte mich. Ich hatte keine Angst, aber die Gewißheit, daß ich es tun würde, daß ich es allein tun würde und daß es letztlich einen Sinn haben würde.

Wieder werde ich von dem Gefühl, völlig allein dazustehen, überwältigt; der kommende Winter liegt wie eine große schwarze Drohung vor mir. Ich kann das Gefühl nicht loswerden, bin gefangen in meinem eigenen Kopf, gefangen in Erinnerung und Sehnsucht. Ich spüre eine Träne. Warum komme ich nicht vorwärts? Warum kommt das alles immer wieder zurück? Ich halte es ohne Freundschaft nicht aus. Ich bin nicht unabhängig, in reiner, ungetrübter Harmonie mit mir selbst existierend. Kann ich das lernen? Wie oft muß ich dies hier noch hinter mich bringen? Ich laufe hinaus und weine. Die Kapuze weit über den Kopf gezogen, gehe ich kurz darauf über den gefrorenen Strand. An der Stelle, wo die Brandung an den Strand trifft, liegt eine dicke Eisschicht. Die kleinen glänzenden Steinchen zum in die Luft wirbeln gibt es nicht mehr. Es gibt auch keine Elfenbeinmöwen. Und sonst? Die Wimpern an meinen feuchten Augen frieren aneinander. Ich gehe bis zu dem großen Stein auf der anderen Seite der Lagune und wieder zurück. Kleine Wijde erhebt sich und möchte gestreichelt werden, ich kann doch noch ein wenig lachen. Und jetzt hoffen, daß ich die Stimmung in der Hütte noch ertragen kann. In vier Monaten kommt Ragnar zurück. Noch vier Monate.

Den Rest des Tages verbringe ich in meiner Ecke auf der Bank. Ich kaue Stück für Stück das Leder der Handschuhe, eine alte Methode der Eskimos, um es weicher zu machen. Das klingt vielleicht eklig, aber, was man »eklig« nennt, ist doch meist nur angelernt. Mit einem Glas Tee gegen den trockenen Mund ist es völlig in Ordnung. Wenn mich N nur nicht die ganze Zeit so anstarren würde. Er hat sogar schon ein Foto von mir aufgenommen, wie ich hier am Leder rumbeiße. Es raubt mir den letzten Nerv, daß er nichts tut, außer mich anzuglotzen.

Ich versuche ein Gespräch:

»Woran denkst du?«

Irgendwie gelangweilt zuckt er mit den Schultern.

»Ich weiß nicht.«

»Du sitzt stundenlang hier und denkst an gar nichts?«

Er schüttelt den Kopf und entgegnet, leicht genervt: »Ich weiß nicht, was ich denke.«

Na ja, er muß doch wissen, womit er sich beschäftigt? An Tagträume kann man sich doch erinnern? Dann ist es still. Soll ich nun wieder eine Frage stellen? Ich kann nicht erkennen, daß er auch nur im entferntesten ein Interesse an meiner Person hätte. Einmal hat er mich gefragt, ob ich Geschwister hätte, aber er fragt mich nie, wer ich bin, was ich gemacht habe, wie ich denke. Er sieht scheinbar nur ein blondes Mädchen und den Rest phantasiert er sich nach Wunsch dazu. Ich bin aber keine Elfe aus einem Traum, und deshalb ist es unvermeidlich, daß er sich den Kopf an mir stößt. Ich bin Heleen. Und diese Heleen will nicht mit Männern ins Bett, die nicht an ihrer Person interessiert sind. Wie kommt er nur auf die Idee? Wieso ist er so ein eigenartiger Vogel geworden. Wer ist er?

Soweit ich verstanden habe, hat er in Norwegen auf dem Bau gearbeitet. Vor sieben Jahren wurde er für einen Job nach Spitzbergen geschickt. In dem kleinen Longyearbyen gefiel es ihm gut, und er fing an, in den Kohlebergwerken zu arbeiten. Er kaufte seine ersten Hunde und wurde Mitglied im Hundeschlittenclub. Ein Jahr danach überwinterte er zum ersten Mal mit Ragnar auf Austfjordneset. Nach Ns Erzählungen war das sehr gemütlich, denn sie haben dauernd Karten gespielt – was ich nach den ersten Spielen Kniffel immer abgelehnt habe. Aber trotz der Kartenspiele hat er den größten Teil des Frühlings in der winzigen Hütte auf Krosspynten verbracht. War es vielleicht doch nicht so gemütlich?

Aber warum lebt ein junger Mann wie er so zurückgezogen? Ist es Flucht aus der Wirklichkeit? Manchmal habe ich den Eindruck, er würde, von Intelligenz unbehindert, in einem selbstausgedachten Theaterstück leben. Aber warum auch nicht? In dieser bitterkalten Eiswüste gibt es niemanden, der seine Geschichte in Frage stellen könnte, und er kann ungestört den Helden spielen. Den tollen Kerl, der keine Freunde braucht, der sich aus der einengenden Gesellschaft befreit hat und der Kälte standhält, um in der Freiheit Halt zu suchen mit denselben Regeln, Gewohnheiten, Traditionen. Um halb acht steht man auf, man hört Radio, trinkt Kaffee und raucht eine selbstgedrehte Zigarette dazu. Am Samstag trinkt man Cognac, zu Pizza trinkt man Bier, Mädchen sind fürs Bett da.

Aber, o weh, o Jammer, wenn einmal die unterstützenden Dekorstücke seiner Theateraufführung kaputtgehen, oder wenn zufällige Statisten aus der Rolle fallen: Wenn der Petroleumofen den Geist aufgibt und es ihm nicht gelingt, ihn zu reparieren, wenn sich die Rentiere oder Schneehühner verstecken, wenn das Schlauchboot leckt oder das Mädchen nicht mit ihm ins Bett will. Dann wird er wütend, sogar aggressiv. Weil er aus seiner Rolle gestoßen wird. Es gelingt ihm dann nicht einmal mehr – insofern er die Fähigkeit überhaupt besitzt – normal nachzudenken, um eine Situation zu klären; dann setzt er nur noch rohe Gewalt ein. Nie kann er sich damit abfinden, daß die Dinge auch einmal anders laufen, als er dachte, und daß er sich auf eine neue Situation einlassen muß. Vollkommen festgerostet.

Nur mir gegenüber scheint er seine Wutanfälle zu kontrollieren. Trotz seiner unzähligen Bitten, steht die

Tatsache, daß ich nicht mit ihm schlafen will, überlebensgroß im Raum. Ob er das versteht, bezweifle ich, aber er respektiert es auf jeden Fall.

Einerseits fühle ich mich dabei sicher. Intuitiv spüre ich, daß mein Wille in bezug auf das Bett Gesetz ist und ich nicht befürchten muß, vergewaltigt zu werden. Wenn das nicht so wäre, wäre ich wahrscheinlich in den Hubschrauber gestiegen, der hier gelandet ist. Andererseits aber ahne ich manchmal, daß mein Nein derart unser Leben dominiert, daß es fraglich ist, ob eine Freundschaft zwischen uns überhaupt noch möglich ist.

Als es am nächsten Tag immer noch stürmt, findet N es an der Zeit, den gesamten Vorrat an Rentierfleisch zu verarbeiten. Warm verpackt klettere ich auf die Stellage, auf der wir das Fleisch – für Eisbären unerreichbar – aufgehängt hatten. Trotz des gewaltigen Sturms gebärden sich die Hunde wie wild, als ich die großen gefroren Stücke Fleisch nach unten fallen lasse: Bekommen wir Futter? Wir haben Hunger! Leider, leider nein, das hier ist unser Essen.

Das Fleisch muß neben dem Ofen erst etwas auftauen, bevor wir mit dem Schneiden und Hacken beginnen können. Ungeduldig schleife ich mein Messer scharf, die Blutlachen werden nur langsam größer. Es dauert eine Ewigkeit, bis N sagt, daß wir anfangen können.

Neben der Wirbelsäule, an der Außenseite der Rippen, befindet sich das Lendenfilet, unter einer dicken Fettschicht versteckt. Der Speck ist trocken und steif und stellenweise sicher acht Zentimeter dick. Es ist nicht einfach, das Fett zu entfernen und dafür zu sorgen, daß das dünne Lendenfilet erhalten bleibt. Dann kommt das Filet an der Innenseite der Rippen an die

Reihe. Das Beste vom Besten. N soll mir erst zeigen, wie man das macht. Vorsichtig zieht er das Fleisch zur Seite hin weg und schneidet es Stück für Stück vom Rückgrat ab. Dann zieht er das Stück horizontal an den Rippen entlang und schneidet es mit seinem Messer an der Unterseite ab. Kann ich das auch? Das kann ich auch.

Mein Filetstück ist am Ende etwas kleiner, aber das mindert den Spaß an der Arbeit nicht. Ich habe heute abend gewiß keinen so großen Hunger. Schließlich gewinnen wir zwei schöne Stücke aus den Schenkeln: eines wird Roastbeef, aus dem anderen schneide ich Steaks. Was übrigbleibt, wird Gulaschfleisch. Das Entfernen von Haut und Sehnen von den Vorderpfoten verspricht ein aufwendiger Arbeitsgang zu werden; wir machen erst eine Teepause. N sieht zufrieden aus und lacht, als ich eine Tasse Tee vor ihn hin stelle.

»Gutes Fleisch«, sagt er, »das beste der Welt.«

Er erzählt, daß ein Rentiersteak im Restaurant von Longyearbyen fünfzig Gulden kostet. Filets gäbe es erst gar nicht zu kaufen, die Jäger behalten sie für sich selbst.

Ich lasse mich von angenehmer Musik berieseln, setze mich wieder auf den Hocker am Tisch und mühe mich weiter ab mit den Stücken Fleisch, dem Speck, der Haut, den Sehnen und Knochen. Es ist nicht einfach, etwas Brauchbares daraus zu machen, aber die Aufgabe macht mir Spaß. Am Ende wird ein richtiger Fleischwolf hervorgeholt und die Reste werden zu Hackfleisch verarbeitet.

Jetzt wird noch alles auf Tagesportionen verteilt, diese kommen jeweils in einen kleinen Plastikbeutel und dann in die »Tiefkühltruhe« draußen auf dem Dach. Das bedeutet, daß wir für den täglichen Einkauf nur auf das Dach klettern müssen. Einen Teil der Knochen stelle ich in einem großen Topf Wasser auf. Das ergibt eine Rentiersuppe für morgen. Aber heute kommt Rentierfilet frisch auf den Tisch.

»Du machst es.«

War das nun eine Frage oder eine Aufforderung? Egal, was soll's. Ich koche gern und ich glaube nicht, daß es mich heute arg stören wird, daß diese Arbeitsteilung – zumal wenn ein Mann zum Kochen auffordert – alte Rollenmuster bestätigt. Ich brate die Filets auf beiden Seiten je eineinhalb Minuten bei großer Hitze. Dann füge ich für die Soße ein wenig Butter hinzu. N ist auf den Speicher verschwunden und drückt mir mit stolzem Blick ein Päckchen Mix für Sauce béarnaise in die Hand. Zu einem guten Stück Fleisch gehört Sauce béarnaise. Der Inhalt sieht bedenklich künstlich aus, aber bitte sehr, wenn er das gerne mag, dann mache ich es eben. Das heißt, wenn ich weiß wie, wenn ich die norwegische Anleitung verstehen kann. Nachdem ich mit Hilfe des Wörterbuchs die Anleitung entziffert und befolgt habe, ist das Filet schon fast kalt, aber noch immer vorzüglich.

Nach dem Essen krieche ich zufrieden in die Ecke der Bank unter das Licht und die Wärme der Petroleumlampe. Links von mir befindet sich der Mini-Kassettenrekorder, rechts zwei oder drei Stapel mit Büchern, Fotos, Haarbändern, Kräutertees und vor allem viele Briefe. Briefe, die ich noch zu Ende schreiben möchte, bevor der Hubschrauber mit dem neuen Ofen kommt. Das dürfte in den nächsten Tagen geschehen, hoffe ich. Einer der Papierstapel ist so dick, daß es fast nicht mehr gelingt, ihn zweifach zu falten: der Brief an Rudolf. Schmunzelnd überfliege ich die Zeilen noch einmal. Der Brief besteht hauptsächlich aus der Aufzählung von wechselnden Stimmungen und meinen vergeblichen Versuchen, diese im Zaum zu halten, aus Geschichten über Dummheiten, die N begangen hat, und wie egal mir das ist, da ich sowieso zu Ragnar ziehen werde, wo alles mit Sicherheit besser wird. Erinnerungen an die *Plancius* kommen vor und auch »Ich liebe dich, ich vermisse dich so!« und »Wo bist du?«.

Ich möchte noch hinzufügen, daß es an Tagen wie heute auch mal ganz nett und lustig sein kann. Beim Abendessen erzählte N heute einfach so, daß er letztes Jahr beim Gletscher so viele Schneehühner geschossen hat, daß er sich die Tiere um den Hals hängte, dann drei Mal zur Hütte und zurück gehen mußte, um die Beute nach Hause zu bringen. Ich stellte mir vor, wie er sich – von oben bis unten mit Schneehühnern bedeckt – über die Tundra schleppte und mußte lachen. Daraufhin streichelte er mir über die Wange. Das hätte er besser unterlassen. Ich erstarrte, trotzdem gelang es mir noch, ihn mit einem Scherz anstelle einer bissigen Bemerkung abzuweisen. Manchmal zeichnet sich eine Wendung zum Positiven ab, aber wenn ich bedenke, wie lang der Weg noch ist, wird mir ganz mulmig zumute.

Mein Blick fällt auf die Stücke Seehundleder, die auf einem der Stapel auf meiner Hälfte des Tisches herumliegen. Die Handschuhe für Rudolf sollten auch fertig sein, wenn der Hubschrauber kommt! Wo ist bloß das Stück für den rechten Daumen abgeblieben? Ich durchsuche alles um den Tisch herum, aber das Daumenstück bleibt unauffindbar. Mit erschrockenen Augen sehe ich N an und erinnere mich plötzlich, daß er nach unserer Metzgertätigkeit den Boden gefegt hat. Verdammt noch mal! Ich klage N meine Not, aber er weigert sich, die Wichtigkeit eines winzigen Stückchens Leder einzusehen: Ich kann doch wohl ein anderes Stück Leder verwenden, oder? Nein, ich habe die Einzelteile alle selber hergestellt, und die Handschuhe sind für Rudolf und sie müssen in einem einheitlichen Silbergrau sein. Verzweifelt suche ich noch einmal den ganzen Boden ab und finde das Stückchen unter der Bank.

Ich nähe alle Teile mit der Innenseite nach außen gestülpt auf der klapprigen, stöhnenden Singer-Nähmaschine zusammen. Nur den Bereich um den Daumen herum muß ich mit der Hand nähen, was bei Seehundleder nicht so ganz einfach ist. N setzt sich neben mich, zu nah, wie ich finde, um mir zu zeigen, wie man das macht. Mir wird es zu eng, aber die Handschuhe müssen fertig werden und also lasse ich ihn gewähren. Endlich ist es soweit, daß ich die Handschuhe umdrehen kann und sehen kann, wie schön sie geworden sind. Ich bin stolz auf mich. Sie sind prächtig, silbergrau mit einem symmetrischen schwarzen Kreismuster an der Oberseite. Rudolf, das sind die schönsten Handschuhe deines Lebens, obwohl sich die Frage stellt, wann du sie wirst tragen können, denn für die Niederlande sind sie viel zu warm.

Ich bin nicht die einzige, die stolz ist. Nach ein paar Gläschen möchte N gerne loswerden, daß er stolz ist auf sein »Trappergirl«. Daran wäre an sich nichts Schlimmes, wenn er auf der anderen Seite des Tisches geblieben wäre.

»Schläfst du heute nacht mit mir?«

»Nein, vergiß es einfach.«

»Das kann ich nicht.«

Wie erkläre ich ihm, daß er sich die Sache erst mal aus dem Kopf schlagen soll, daß diese Stimmung voller Erwartung, die ich so hasse, erst diese Hütte verlassen muß, bevor sich überhaupt irgend etwas ändern kann. Daß wir erst eine gleichwertige, freundschaftliche Beziehung aufbauen müssen, bevor ich auch nur daran denken kann, mit ihm zu schlafen. Ich schlage vor, daß er mich wie eine Schwester sieht, aber das kann er nicht, sagt er. Also, wie denn? Ich weiß es nicht, schiebe ihn zum x-ten Mal von mir weg und gehe ins Bett. In Gedanken bei Rudolfs Handschuhen, schlafe ich zufrieden ein.

Am nächsten Morgen werde ich durch den Lärm rotierender Hubschrauberflügel geweckt. Hubschrauber? Post! Ich springe in meine Klamotten, stelle Kaffeewasser auf, aber bis zur Landung dauert es noch eine Ewigkeit. Als sie endlich bei uns sind, wird erst mit viel Getue der neue Ofen ausgeladen, und erst als sie in der Hütte sitzen und eine Tasse Kaffee vor der Nase haben, wird die Post hervorgeholt.

Wie ein kleines Mädchen heule ich vor Rührung zwischen den geöffneten Umschlägen, den Paketen, den ausgepackten Briefen und Büchern. So viele Dinge, keine Ahnung, was genau, aber es sind so viele Dinge. Ich bin das nicht mehr gewöhnt. Verschiedene Gefühle kommen in mir hoch, alles vermischt sich. So viele Menschen, die so viel sagen, alle gleichzeitig; sie klopfen alle zur gleichen Zeit bei mir an. Es berührt mich, ich fühle mich von diesen Menschen geliebt. Vielleicht ist genau das so überwältigend, ein Schock. Lange Zeit nichts und plötzlich, nach all dem Warten, eine solche Menge. Ich ertrinke, aber es ist nicht schlimm, in einem See aus Blumen zu ertrinken.

Ich gehe hinaus, drücke mein Taschentuch, begrüße die Hunde und genieße die Sonne. Das bringt mich wieder zurück in mein Leben hier, auf Austfjordneset. Die mitgeteilten Worte befinden sich wieder auf Papier, und ich werde sie Stück für Stück noch einmal langsam zu mir holen. Nachher.

Später schreibe ich über Rudolfs Brief:

»Ich lese Deinen Brief und finde Dich darin wieder, so als würdest Du – neben mir auf der Bank sitzend –

das Geschriebene erzählen. Ich hätte Dich gern beobachtet und in Deine Augen geblickt, um Deine Begeisterung mit Dir zu teilen und Deine Melancholie. Ich hätte Dir so gern erzählen wollen … Ach, laß mal, ich habe es schließlich selbst so gewollt. Ich lese Deinen Brief noch einmal, begegne Dir nochmals und fühle wieder: Ich liebe Dich.«

Fast hätte ich vergessen, die Handschuhe mitzugeben. Gerade noch rechtzeitig, kurz bevor uns der Hubschrauber wieder verließ, habe ich sie noch eingepackt. Die Piloten waren von meiner Arbeit beeindruckt und wünschten sich solche Handschuhe auch für sich. Für mich kein Problem, aber N muß dann wieder auf die Jagd, ich habe keine Felle mehr. Gut, ich verspreche, drei Paar Handschuhe fertig zu haben, wenn der Hubschrauber zu Weihnachten wieder kommt.

Die Piloten werden dafür sorgen, daß nächste Woche der große Rettungshubschrauber mit Holzbrettern zu uns kommt, damit wir die Decke der Werkstatt ausbessern können.

So kam mit dem Hubschrauber nicht nur Post zu mir, sondern auch ein klarer Plan für die nächsten Wochen, eventuell sogar für die nächsten Monate. Als erstes muß das Dach der Werkstatt mit Glaswolle und Plastikplane isoliert werden, dann mit dem Holz verkleidet, das gebracht werden wird. Sobald das geschehen ist, kann der alte Ofen in der Werkstatt angeschlossen werden, so daß man dort eine angenehme Temperatur zum Arbeiten schaffen kann. In dem Raum kann ich dann die Seehundhäute trocknen, die zum nächsten Handschuhpaar verarbeitet werden können und auch zu einem Futteral für mein Gewehr. Vor kurzem habe ich Rutschbahn gespielt auf einem zugefrorenen Bergbach und fiel gnadenlos hin. Ich fand es eigentlich ganz lustig, aber das Kunstleder meines Gewehrfutterals teilte den Spaß nicht und platzte.

Die Pläne hören sich gut an, oder? Ich bin sehr zufrieden. Den Rest des Tages verbringe ich in der Ecke der Bank, wo ich in Ruhe alle Briefe noch einmal lese. Den Brief von Rudolf habe ich nun schon zu oft gelesen, er ruft nicht mehr – so wie anfangs – die spürbare Anwesenheit meines Freundes hervor. Seine Person lebt wie eine Geschichte in meinem Kopf weiter, eine schöne und liebe Geschichte. Sie ist mir sehr ans Herz gewachsen, ich pflege sie wie ein junges Hündchen, und versuche, sie dem bösen Geist der Zeit zu entziehen und vor meinem manchmal so theoretischen Selbst zu schützen. Ich stelle mir nicht die Frage, ob die Geschichte nicht bloß eine Illusion ist, ich glaube fest daran und genieße das. Ich darf doch wohl ein wenig tagträumen und abschweifen von der gelegentlich sehr einsamen Wirklichkeit?

Später entdecke ich in meinem Posthaufen plötzlich einen Brief für N. Er strahlt, während er ihn liest: Das Sendegerät, das er gekauft hat, ist in Longyearbyen eingetroffen. Wenn wir das Sendegerät einmal hier haben, können wir direkt Kontakt zur Außenwelt aufnehmen und ich könnte in den Niederlanden anrufen, wenn ich das möchte. Manchmal, wie soll ich das sagen, manchmal ist das Leben hier gar nicht so schlecht.

Heute ist der 23. Oktober und die Zeit, in der die Sonne zu sehen ist, geht zu Ende. Gestern war sie noch eine Stunde über dem Horizont, heute ist es bewölkt. Wird es vor dem 25. Oktober noch einmal aufklaren? Oder habe ich gestern das letzte Sonnenlicht gesehen? In den kommenden Wochen wird jedenfalls nur noch eine Art Dämmerung herrschen. Die Menschen, die nahe des Äquators leben, wo es nach Sonnenuntergang sofort dunkel wird, tun mir leid. In diesen Breitengraden hier ist erst nach vier Stunden der letzte Funken Licht verschwunden. Vier Stunden, in denen Rot langsam über Violett, Orangerot, und Gelb schließlich Tiefblau wird. Unendlich schön.

N hat sich heute aufgemacht auf die andere Seite der Insel und hält Ausschau nach Seehunden. Eine größere Strecke traute er sich mit dem lecken Boot nicht zu. Zu Recht. Ein paarmal habe ich Schüsse gehört, aber es ist nichts zu sehen. Er soll ruhig noch eine Weile wegbleiben. Ich amüsiere mich ganz gut.

In der eitlen Hoffnung, daß der Hubschrauber diese Woche noch eintrifft, wollte ich damit beginnen, die Werkstatt zu isolieren, mußte aber erkennen, daß die Decke, auch wenn ich auf einer Kiste stand, immer noch zu hoch für mich war, und es gab keine Trittleiter. Draußen fand ich aber doch eine Leiter, die ich zu einer festen Trittleiter umfunktionieren konnte, und schließlich erreichte ich die Decke. Gerade als ich dabei bin, den letzten Nagel in die Konstruktion hineinzuhämmern, stimmen die Hunde ihr Gejaule an und ich sehe das rote Boot um die Ecke schippern. Schnell die Leiter hinunter und N bei der Beute helfen. Oh, ich vergaß, daß man meine neue Konstruktion nicht zusammenklappen kann. Mit der Folge, daß sie nicht durch die Tür paßt ... Nein, wie dumm! Also, wieder rückgängig machen. Gott sei Dank kann man die Nägel wieder entfernen. In der Werkstatt baue ich das Ganze erneut auf.

N kommt mit fetter Beute zurück. Er hat fünf Seehunde geschossen. Das dürfte für meine Nähpläne genug sein. Das Boot ist mit der Ladung allerdings so schwer, daß es uns nicht gelingt, es auf den vereisten Strand zu ziehen. Wir stehen bis über die Knie im eiskalten Wasser und zerren zunächst die Beute an den

Strand, dann den Außenbordmotor, bis zuletzt, nach viel Kraftaufwand, das Boot auf dem Trockenen liegt. Die nächsten Stunden verbringe ich draußen, um die Speckschicht von den Häuten abzuschneiden. Die Temperatur ist noch nicht dramatisch, es sind fünfzehn Grad unter Null. Leider pfeift der Wind aus derselben Richtung, aus der die letzten Lichtstrahlen schimmern und friert meine Finger beinahe ab. Der Versuch, mit Handschuhen zu arbeiten, ist gescheitert, weil ich damit das Messer nicht sicher genug halten kann, und ich möchte auf keinen Fall Löcher in die Felle schneiden, die mir einige Wochen Beschäftigung bringen können. Vorausgesetzt, der Hubschrauber bringt die Holzbretter zum Isolieren der Werkstatt, denn nur dann kann ich die Felle trocknen. Der Rettungshubschrauber ist nur noch morgen auf Spitzbergen, und das Holz paßt nicht in den kleinen Hubschrauber des Gouverneurs. Was kann ich tun? Wenn sie morgen nicht kommen, platzt mein Vorhaben. Ich versuche, nicht daran zu denken, und grabe die Felle in einem großen Abfalleimersack im Schnee ein. Laut N kann man so verhindern, daß das Fett in den Pelz zieht und daß die silbergraue Farbe verlorengeht.

Ich grabe also ein Loch in den harten Schnee, und plötzlich führt ein Windstoß mir ein Geräusch ans Ohr, das klingt wie ein Hubschrauber. Gott sei Dank, sie sind da! Wie ein kleines Mädchen, das gleich ein Weihnachtsgeschenk bekommt, stütze ich mich mit strahlendem Gesicht auf die Schaufel und verfolge, wie die dicke Brummfliege näher und näher kommt ... noch schneller näher kommt ... und vorbei fliegt! Verdammt, soll das Sabotage meiner Pläne sein?

Ich starre dem Hubschrauber hinterher und horche enttäuscht auf das tiefe Gesums, das sich unwiderruflich in Stille auflöst. Kein Holz!

Jupiter erscheint über dem Berg. Hallo, Jupiter. Du bist wenigstens immer da. Und der Hubschrauber? Vielleicht kommt er später doch noch oder morgen oder überhaupt nicht.

Am 25. ist klarer Himmel! Um die Mittagszeit machen wir mit den Hunden einen Spaziergang. Sie flitzen gemeinsam vor uns her über die Lagune, rutschen und balancieren über das Eis und kommen dann zu uns zurück zum Tätscheln. Troll findet, er müsse die meisten Streicheleinheiten bekommen und beißt Wijde, die zufällig am nächsten bei uns steht, ins Nackenfell. Es entsteht eine Rauferei, an der in kurzer Zeit alle Hunde beteiligt sind. Die sonst so süßen Hunde werden zu einem wild knurrenden Knäuel Schwänze, Zähne und Ohren. N muß mit einer großen Schaufel dazwischen gehen, um sie auseinander zu treiben. Es sind liebe Tiere, aber wenn sie einmal streiten, kämpfen sie sich zu Tode.

Nachdem wieder Ruhe eingekehrt ist, gehen wir weiter über den Strand. Der Strand ist voller Eisberge in den bizarrsten Formen, die in dem wenigen Sonnenlicht glänzen, das noch über die Gletscher am Horizont reicht. Das Morgenrot geht ohne langes Zögern in ein Abendrot über.

Die Chefin der Truppe ist Krøtte, die Mutter von Bamse und Skøyer. Wenn sie anfängt zu laufen, folgen ihr die anderen. Bleibt sie stehen, um an etwas Interessantem herumzuschnüffeln, halten alle an und wollen sehen, was los ist. Cantoe ist alt und er läuft nur ein wenig auf und ab. Bis er bei der schnüffelnden Gruppe ankommt, laufen sie schon weiter. Und wenn er einmal rechtzeitig eintrifft, raunzen ihn die andern an. Das Leben eines alten Hundes ist nicht einfach, seine Kameraden sind erbarmungslos. Kleine Wijde kriegt auch regelmäßig eins drauf. Ihre beiden Ohren hängen bereits von früheren Kämpfen. Knøtte attackiert sie ständig am Kopf. Und warum? Es ist mir ein Rätsel. N sagt, es gäbe immer Schwierigkeiten mit zwei Weibchen in einer Gruppe, ich kann aber nicht verstehen, daß Knøtte ihrer kleiner Schwester so arg zu Leibe rückt.

Bamse kommt regelmäßig zu mir, um sich ein wenig tätscheln zu lassen. Das tut mir gut. Er ist mein Freund. Die kastanienbraunen Flecken auf seinem Fell leuchten im verschwindenden Sonnenlicht auf, und dann wird Mutter Sonne für vier Monate verschwunden sein. Ich könnte auch sagen für immer verschwunden, denn Ende Februar scheint mir eine Ewigkeit entfernt zu sein.

Noch kein Hubschrauber in Sicht. Am Abend kann ich es nicht länger leugnen. Jedes »es könnte ja sein, daß …« ist unhaltbar, der Hubschrauber kommt nicht. Definitiv nicht. Kein Sendegerät zum Spielen, keine Anrufe, kein Arbeiten an der Decke in der Werkstatt und keine Handschuhe aus Seehundleder. Wer bin ich, wenn ich nichts zu tun habe?

Heute beginnt das Warten.

Nach dem Frühstück muß ich erst eine Jacke anziehen und eine Mütze aufsetzen, bevor ich auf die Toilette gehen kann. Unsere Toilette Marke Eigenbau steht in der Werkstatt, und dort friert es genauso stark wie draußen. Das wird sich vorläufig auch nicht ändern. Solange der Raum überhaupt nicht isoliert ist, macht es keinen Sinn, den alten Ofen brennen zu lassen.

Die Brille auf der Plastiktonne ist aus Bauschaum, und wenn man die Kälte vergißt, sitzt man durchaus komfortabel. Einen Vorteil hat die Kälte ja: Ich will gar nicht daran denken, wie es hier sonst stinken würde.

Schade um meine schönen Beschäftigungen. Mein Gott, was soll ich die ganze Zeit bloß machen? Bis Weihnachten und bis zum nächsten Hubschrauber dauert es noch zwei volle Monate. Nächste Woche werde ich meine Tage bekommen und es wird Vollmond sein. Dadurch wird es bis zur zweiten Novemberwoche einigermaßen hell sein, danach ist es eineinhalb Wochen total dunkel. Und es gibt nichts zu tun. Dann bekomme ich wieder meine Tage, und Ende November ist erneut Vollmond; dann liegt hoffentlich richtig dickes Eis auf dem Fjord, damit wir den Hundeschlitten einsetzen können. Der nächste Vollmond ist Ende Dezember, dann ist Weihnachten, ein Hubschrauber wird kommen und es gibt Post. Geht doch, oder? Na ja …

Ich kann ja versuchen, aus einer alten Seehundhaut von N ein Gewehrfutteral zu fabrizieren. Die Hunde fangen ihr Wolfsgeheul an, ach ihr Lieben, macht mir doch nichts vor, der Hubschrauber kommt doch nicht. Die alte Haut ist ganz hart und gelb, dürfte aber für ein Gewehrfutteral trotzdem reichen. Ansonsten könnte ich noch Langlauf üben, das habe ich schließlich noch nie gemacht und soll es später – Hör ich da einen Hubschrauber durch das Hundegeheul hindurch? – bei Fahrten mit dem Hundeschlitten doch beherrschen – es ist wirklich ein Hubschrauber! Schnell ziehe ich meine Hosen hoch und renne hinaus. N steht schon bereit und tatsächlich: er kommt! Doch noch!

Und so löst sich mein Problem in Wohlgefallen auf. Es wäre auch ohne diesen Postboten irgendwie weitergegangen, aber so ist das Leben viel leichter. Zur Beruhigung von der Aufregung um dieses plötzliche Zufallsgeschenk, mache ich einen Spaziergang um die Lagune. Das Meer sieht eigenartig aus in dieser grauen Dämmerung. Ich gehe in Richtung Strand und sehe, daß das Wasser mit dünnen Eisschichten bedeckt ist, die sich sanft aufeinander schieben. So weit das Auge reicht. Der Winter macht ernst. Wenn der ganze Fjord zugefroren ist, können wir mit dem Hundeschlitten Touren unternehmen. Ich stelle mir das wunderschön vor. Dann werde ich spüren, warum ich hier bin. Dann kommt das wirkliche Abenteuer. Diese aufregenden Gedanken beflügeln mich, ich gehe weiter und ich summe eine Melodie. Was ist das für ein Lied? Ich kann mich erst nicht erinnern, aber dann gelingt es mir, die Worte von Harry Sacksioni Zeile um Zeile wiederzufinden:

Als Kind hatte er vor, erfolgreich zu
sein,
er wußte noch nicht wie, aber mit
einer Sicherheit,
durch die er sich nicht so leicht
abbringen ließ,
dachte er bei Gegenwind immer:
Du mußt erst fliegen, bevor du
Flügel bekommst!

Ich schreie den Refrain hinaus, zum Meer, dem Eis, den Bergen, hinaus in alle Winde. Vor einigen Jahren war das mein Lieblingslied, und dann habe ich es seltsamerweise fast vergessen. Auf dem Nachhauseweg tänzle ich um jeden Hund herum; sie verstehen, was mich bewegt.

Zufrieden gehe ich in die Hütte zurück. N hat inzwischen das Sendegerät ausgepackt und läßt seine Finger langsam über die vielen Knöpfe gleiten. Die Gebrauchsanweisung liegt unberührt in der Schachtel. Nach einer Stunde ist das immer noch so, und ich fasse den Entschluß, selbst herauszufinden, wie so ein Gerät funktioniert. Ich nehme an, dafür ist es hier und nicht zum Streicheln.

Am Abend, nach schrecklich viel Getue mit den Antennen und dem Akku, ist das Gerät endlich aufgebaut und, wie ich denke, richtig angeschlossen. Ich stelle den Empfänger auf die Frequenz von Radio Svalbard ein. Wir hören noch gerade die letzten Gesprächsfetzen, die von einem Schiff zu einem zweiten gesendet wurden. Es funktioniert. Wunderbar! Jetzt kommt noch der Sender an die Reihe. Ich frage N, ob er die Radiostation rufen möchte, aber er wehrt ab. Etwas später stellt sich heraus, daß er nicht weiß, wie man das macht. Tja, ich auch nicht genau, aber mit der Bedienungsanleitung vor mir und der Erinnerung an das Schiffsradio auf der *Plancius*, möchte ich es wenigstens probieren.

»Svalbard Radio, Svalbard Radio, Svalbard Radio, this is Austfjordneset, Austfjordneset, Lima Hotel six Mike Alfa.«

»Lima Hotel six Mike Alfa, Svalbard Radio. Go ahead, please.«

Es geht! Was mache ich jetzt?

Ich möchte Rudolf nicht anrufen, mein Gefühl sagt mir, er sollte mich anrufen. N erkläre ich eilig, Rudolf wäre gerade umgezogen und hätte noch kein Telefon; er glaubt immer noch das Märchen von unserer Verlobung. Ich könnte meine Mutter anrufen, meine liebe Mama. Es hat ihr nicht gefallen, daß ich für einen Winter hiergeblieben bin, aber sie hat mir trotzdem geholfen, wo sie nur konnte.

Nach dem Gespräch kommt mir die Hütte unbeschreiblich leer vor, die Sendestation ist wieder ein Metallkasten und keine sprechende Mutter mehr. Telefonieren ist – genauso wie Post erhalten – für mich unerklärlich seltsam, so als würde ich dadurch vorübergehend in einer anderen Wirklichkeit leben, weit weg von hier. Anschließend im freien Fall wieder in der Hütte zu landen, ist schwer. Ich gehe hinaus.

Ein bleicher, dünner Mond hängt über dem Fjord. Offensichtlich ist ihm seine neue Aufgabe, die Sonne zu ersetzen, noch nicht ganz klar. Aber sieh hier, auf der anderen Seite! Das Nordlicht zieht sich voller Überzeugung wie ein weißes Band über die Berggipfel. Wie eine Raupe schlängelt es sich zierlich fort und hält dann still. Es ist atemberaubend schön! Ich fühle mich wieder angekommen in Austfjordneset.

Die nächsten Tage verbringe ich in der Werkstatt. Zunächst gemeinsam mit N, aber es ist schwierig, mit ihm zu arbeiten. Er möchte, daß ich ihm helfe, doch wenn ich ihn dann frage, was er macht, zuckt er mit den Schultern. Wenn ich ihn frage, was ich tun soll, sagt er, daß er das nicht weiß.

Einerseits nervt es mich ungemein, immer die Besserwisserin zu sein oder auch nur Fragen zu stellen, die in diese Richtung weisen. Aber andererseits will ich die Dinge, die ich tue, so gut und so sinnvoll wie möglich erledigen. Meist ergreife ich dann die Initiative, und am Ende ist er es, der mir hilft, und nicht anders herum. Manchmal regt es mich gewaltig auf, es paßt ganz und gar nicht zu meiner Vorstellung von dem Mann, den ich hier zu finden glaubte. Doch langsam gewöhne ich mich daran, obwohl ich die Situation immer wieder als Schieflage empfinde.

N bastelt jetzt an einer Konstruktion, durch die das Ofenrohr zum Dach hinaus geführt wird, und er läßt mich in Ruhe. An der Holzdecke bringe ich zunächst eine Schicht Karton an, dann Glaswolle und darüber Plastikplane. Darüber kommen dann die Holzbretter. Man müßte sie eigentlich ineinanderschieben können, aber sie passen nicht richtig. Nächstes Jahr gewinne ich die Meisterschaft im Nägel-in-die-Decke-Schlagen, doch jetzt hole ich mir einen steifen Nacken. Ich kann meinen Kopf nicht mehr bewegen und sitze nur noch ruhig da.

An einem Tag mit gutem Wetter begleite ich N auf seinen Streifzügen. Am ersten November wurde die Jagdsaison auf Polarfüchse eröffnet und er muß seine Fallen stellen. Die Fallen bestehen aus einer Holzfläche von ungefähr sechzig mal vierzig Zentimetern, die an einer Seite von zwei aufeinanderstehenden Stöcken hochgehalten wird. Ein drittes, horizontal angebrachtes Stöckchen mit dem Köder stabilisiert die beiden anderen. Auf der schiefen Fläche liegt eine Menge schwerer Steine. Wenn nun ein Fuchs in die Falle kriecht, um den Köder zu holen, stürzt die Stöckchen-Konstruktion zusammen und der Fuchs wird von vierzig Kilo Steinen erschlagen. Das klingt zwar grausam, aber es ist die vergleichsweise freundlichste Falle. Das Tier ist auf der Stelle tot. Fallen, die etwa die Pfoten der Tiere einklemmen, sind hier verboten, und man hält sich daran.

Wir gehen ungefähr zehn Kilometer an der Küste entlang in Richtung Norden. Das Gelände ist kahl mit vielen lose liegenden Steinen und das Fortbewegen fällt nicht leicht. Ns Jagdgebiet reicht noch weiter hinauf in den Norden, aber bei einer tiefen Schlucht können wir nicht weiter. Das Eis auf dem Fjord ist noch nicht begehbar, und es hat nicht genug geschneit, um eine Brücke aus Schnee über die Schlucht entstehen zu lassen. Mir paßt das gut, N geht sehr schnell, und ich bin müde. Außerdem gefällt es mir nicht, daß N sein Gewehr im Rucksack trägt trotz Dunkelheit und der Gefahr, daß hinter jedem Stein ein Eisbär lauern könnte. Ich bin mir nicht sicher, ob ich meinen eigenen Schießkünsten vertrauen kann, wenn es einmal ernst wird.

Am nächsten Tag ist das Gebiet südlich der Hütte an der Reihe, aber ich bleibe zu Hause. Ich glaube nicht, daß N das bedauert. Als ich alleine bin, wasche ich mich erst einmal gründlich. Ich mache das auch, wenn er da ist – er verschwindet immer ganz diskret ins Schlafzimmer, wenn ich meine Seife nur hervorhole und bleibt dort so lange, bis ich die Seife wieder auf das Nachtkästchen lege –, aber wenn er weg ist, genieße ich es viel mehr.

Ich koche einen Kessel mit Wasser und gieße es in das Spülbecken. Langsam und mit Aufmerksamkeit und einer Zuwendung, die ich mir nicht gönne, wenn N da ist, wasche ich mich von Kopf bis Fuß und lasse mich vor dem Ofen trocknen. Ich creme mich von oben bis unten ein und bin glücklich. Sogar das Radio bringt zur Abwechslung diesmal weder Geschwafel noch norwegische Folklore. Ein Klavierkonzert von Chopin macht das Ganze perfekt. Ich ziehe meine Bluse an, lasse einen Knopf zuviel offen und werfe meine Haare nach hinten. Der Spiegel zeigt ein zufriedenes Gesicht. Das Gefühl, schön zu sein, kann mir hier manchmal so sehr fehlen. Um Probleme zu vermeiden, gestehe ich es mir, wenn N in der Nähe ist, nicht zu. Ich trage schmutzige Klamotten, die Haare meist irgendwie zusammengebunden. Es beschäftigt mich dann wenig. Jetzt aber stehe ich seit einer Viertelstunde vor dem Spiegel, bürste meine Haare und phantasiere über die Zeiten, die noch kommen werden. Wenn jemand anders mein Haar bürstet und mir sagt, es sei schön.

Solche Gedanken führen mich in herrliche Traumwelten, aber letztlich handelt es sich immer um lösliche, koffeinfreie Gedanken. Noch gerade rechtzeitig um Stimmung Hoffnungslos zu entkommen, mache ich mich in der Werkstatt wieder an die Arbeit.

Am Ende des Arbeitstages schreibe ich in zufriedener Stimmung an Rudolfs Brief weiter, nicht sosehr weil ich ihm etwas Neues zu erzählen hätte, sondern mehr um mit mir selbst im Dialog zu bleiben. Eine Art Resonanzboden. Es geht mir gut. Seit ich nun deutlich meine eigenen Beschäftigungen habe, rege ich mich auch nicht mehr soviel über N auf, und das gibt jedem von uns etwas mehr Raum. Welches Leben wir hier zusammen führen? Das Leben von zu lange Verheirateten, die sich nichts mehr zu sagen haben. Freundliche Worte über häusliche Angelegenheiten werden ausgetauscht, aber jeder geht seiner Wege und läßt den anderen in Ruhe. Die Tage kommen und gehen wie bei anderen Leuten auch, mit dem alltägliche Kleinkram als einzigem Inhalt.

»Lieber Rudolf, was könnte ich Dir noch erzählen? Wie viele Sterne es gibt; daß sie manchmal vom Himmel fallen, daß ich den Mond genieße und auch Jupiter, jetzt da die Sonne nicht mehr kommt. Wie geheimnisvoll es ist, im Dunkeln zu singen. Daß die Nacht unendlicher ist als das Licht des Tages und eine Ruhe ausstrahlt, die man mit der vergleichen könnte, die man verspürt, wenn man sich im Bett aalt. Daß ich ein wenig Angst habe vor dem Moment, nachdem ich mit Dir am Telefon gesprochen habe, wenn Du dann wieder weg bist. Daß ich will, daß es Dir gutgeht. Und daß ich manchmal ganz verzweifelt bin, wenn ich Dein Taschentuch, ein gefrorenes Bällchen Rotz, nicht sofort finde in all dem Durcheinander in meiner Jackentasche. Aber vor allem, daß wenn ich aus allem hier nur eine einzige Schlußfolgerung ziehen sollte, dann die, daß man sich an alles gewöhnen kann. Daran, daß Du nicht mehr da bist, daß die Sonne weg ist, das Meer verschwunden ist, die Vögel weit weggeflogen sind; an den Gedanken, daß ich ganz allein bin. Das ist wie mit dem kalten, schneidenden Wind, der mir wie mit tausend Stecknadeln ins Gesicht sticht. Mit der Zeit spürt man es nicht mehr. Menschen passen sich an, aus der Notwendigkeit zum Überleben heraus, sie halten durch, solange die Not anhält.

Oh, sieh Dir das an, etwas Erstaunliches geschieht: N möchte einen Beutel nähen, in dem er dann sein Besteck mitnehmen kann, wenn er unterwegs ist. Er fängt an, ein Stück aus einem Stofflappen herauszuschneiden und flucht lauthals, als es sich als zu klein herausstellt. Er schneidet ein neues Stück und flucht, weil es schief ist. Kannst Du das verstehen? Kommt es ihm wirklich nie in den Sinn, ein Maßband zu verwenden? Es wird Bettzeit, Liebster, gute Nacht.«

Kurz bevor die letzten Latten an die Decke genagelt werden, habe ich eine geniale Idee. Am Querbalken des Daches ist jetzt noch Platz für einen Flaschenzug. Damit könnten wir über den Winter das Schlauchboot an die Decke hochziehen. Dann läge das riesige Ding nicht immer so im Weg. Sogar die Räder des Anhängers passen an die Decke. N sieht mich entgeistert an, als ich ihm meinen Vorschlag erkläre.

»Du denkst an mein Boot?«

Wenn's erlaubt ist, ja. Ein bißchen mitdenken kann ja wohl nicht schaden, oder? Er findet die Idee phantastisch, macht sich sogleich über das gefaltete Boot her und überläßt mir die Seile und den Flaschenzug. Das allerletzte Brett von meinem Kunstwerk läßt sich nur mit großer Mühe über der Tür einpassen. Warum ist hier bloß keine Ecke rechtwinklig? Die Aufgabe, das Dach zu isolieren, ist schließlich erledigt. Ich werde noch einen Tag verstreichen lassen, bevor ich die Seehundfelle ausgrabe, ängstliches Verzögern. Es ist die letzte Beschäftigung auf meiner Liste.

Außerdem gibt es zuerst noch etwas viel Aufregenderes zu tun. N findet das Eis jetzt dick genug, und wir machen einen Spaziergang zur Insel. Zunächst unsicher einen Fuß vor den anderen setzend, ich bin lieber vorsichtig, dann Vertrauen vortäuschend mit größeren Schritten ausschreitend. Es ist sonderbar, zu Fuß auf die Eisberge zuzugehen und nicht wie wir es von der *Plancius* aus öfter gemacht haben, mit Schlauchbooten um sie herumzufahren. Und welch ein Gefühl, auf der Stelle zu stehen, an der das Schiff vor vier Monaten vor Anker lag und ich Rudolf weckte. Damals hatte ich ja noch keine Ahnung.

N stellt die Falle auf, die sich auf der Insel befindet und ich streune etwas umher.

Dann sehe ich plötzlich das weiße Ungetüm im grauen Dämmerlicht. Stocksteif steht es auf dem eingeschneiten Strand. Leicht beklommen ziehe ich mir das Gewehr vom Rücken und in der eisigen Stille starren wir uns an. Oder … Starren wir uns an? Hat es überhaupt Augen? Immer noch auf der Hut und gleichzeitig über mich selbst lachend nähere ich mich und erkenne, daß es der alte Walfischschädel ist, der hier in aller Unschuld am Strand liegt.

Auf dem Rückweg kommt Südwind auf. Ich hoffe, daß er den Fjord nicht wieder leer bläst. Mir gefällt es nämlich, daß die Berge auf der anderen Fjordseite jetzt auch erreichbar sind. Und ich möchte mit dem Hundeschlitten fahren.

In der Hütte ist das Feuer im Ofen ausgegangen, und es dauert einige Zeit, bis die Temperatur wieder einigermaßen behaglich geworden ist. Noch immer mit Jacken, Mützen und Schals bekleidet, trinken wir abwechselnd eine Tasse lauwarmen Tee aus der Thermoskanne. N möchte gern seine Eltern anrufen, um sie wissen zu lassen, daß das Sendegerät angekommen ist. Geduldig erkläre ich ihm, in welcher Reihenfolge er welche Knöpfe drücken muß, aber schließlich muß dann ich bei Radio Svalbard um die Verbindung bitten. Der Kanal, den wir beim ersten Mal benutzten, ist besetzt und ich versuche eine niedrigere Frequenz.

»Svalbard Radio, Svalbard Radio.«

Plötzlich ist der Zeiger tot und alle Lämpchen gehen aus … Was nun? Ich schalte das Gerät aus und wieder an, aber das Sendegerät verweigert jegliche Mitarbeit. Was ist passiert? Die Stromversorgung ist in Ordnung, die Batterie ist noch fast voll. Ich kann nicht glauben, daß unser neues Spielzeug jetzt schon kaputt sein soll, es sieht aber ganz danach aus. Bei einer heißen Tasse Tee lese ich die Bedienungsanleitung noch einmal durch, und während ich alle Hertz und Megahertz des Frequenzbereichs eingehend betrachte, verstehe ich es plötzlich. Die Frequenz war für den automatischen Tuner zu niedrig. Als ich versuche mir einzugestehen, daß ich soeben Ns Sender zerstört habe, drückt er erneut auf den An/Aus-Knopf, und als wäre nichts gewesen, leuchten die Lämpchen wieder auf! Erleichtertes Aufatmen meinerseits, offensichtlich hat das Gerät eine eingebaute Schutzfunktion. Das kann man gelten lassen.

Der andere Kanal ist inzwischen frei und N bekommt ohne weitere Probleme eine Verbindung zu seinen Eltern.

Erwartungsvoll begebe ich mich mit einer Schaufel zu dem Platz, an dem ich die Felle vergraben habe. In den letzten Wochen hat es heftig geschneit und erst nach einigen vergeblichen Versuchen finde ich meinen Schatz wieder. Ich befreie den Müllsack vom Schnee und öffne ihn. Vor mir liegen fünf hoffnungslos vergilbte Seehundfelle.

Niedergeschlagen lasse ich mich auf den Berg Schnee fallen, den ich soeben voller Begeisterung geschaufelt habe. N hat doch gesagt, daß das Fett nicht in das Fell zieht, wenn man sie so eingräbt. Aus diesem Zeug kann ich niemals schöne Handschuhe machen. Mit dem Sack plus Inhalt in der Hand gehe ich enttäuscht zurück, doch je weiter ich mich der Hütte nähere, desto mehr verändert sich meine Stimmung in Wut. Es ist seine Schuld, nur weil er so dumm ist, werde ich herumsitzen müssen, ohne etwas zu tun zu haben. N reagiert kaum auf meine Tirade, erinnert sich aber plötzlich vage daran, daß die Felle ohne den Plastiksack hätten eingegraben werden müssen. Verdammter Mist, was hilft mir das jetzt weiter? Auch als ich meine Darlegung wiederhole, will er das Ausmaß der Katastrophe nicht einsehen. Er sieht mich nur mit einem Hundeblick an.

Ich bin es leid, wütend zu sein und greife – wieder einmal – zu Stift und Papier. Auf ein gutes Gespräch zu hoffen ist zwecklos, also ist das der einzig mögliche Weg, mit meinen Gefühlen und Gedanken ins reine zu kommen. Was soll ich jetzt bloß tun? Wieder sind alle Pläne zerschlagen, und der Boden unter meinen Füßen ist wie weggerissen.

Was soll ich jetzt bloß tun? – Ach, wie oft habe ich das schon aufgeschrieben? Wie oft habe ich in den letzten zweieinhalb Monaten mein Glück abhängig gemacht von externen Faktoren, von Hubschraubern, von N, von Beschäftigungen? Beim Schreiben nimmt der rote Faden in der Geschichte meiner wechselnden Stimmungen eine klare Form an. Ich lasse mir immer wieder etwas Neues einfallen, an dem ich mich festhalten kann, in dem verzweifelten Versuch, mir meine eigene Welt zu schaffen.

Die Schlußfolgerung, die ich aus dieser Entdeckung ziehe, erschreckt mich nicht einmal: Ich bin auch nicht besser als N in seinem selbstinszenierten Theaterstück. Ein richtiger Mann, die Post und Seehundfelle, das ist meine Kulisse, und wenn etwas fehlt, stürzt mein ganzes Leben ein. Vielleicht benenne ich es normalerweise anders – schließlich bin ich auf der Suche nach neuen Herausforderungen in dieser leeren Existenz, nach schönen Dingen wie Harmonie und so –, aber das Prinzip ist genau dasselbe. Wann werde ich unabhängig von anderen und von Dingen einfach nur Heleen sein können? Es ist wirklich zum Lachen: Ich leide selbst an dem, wofür ich N am meisten verachte.

Am 11. November ist es genau vierundzwanzig Stunden hintereinander dunkel. Bei klarem Himmel soll mit gutem Willen um die Mittagszeit etwas Dämmerlicht zu entdecken sein, aber das aktive Leben draußen ist vorbei bis zum nächsten Vollmond. Ich bemühe mich, angeregt beschäftigt zu bleiben, aber das Leben von viel zu lang Verheirateten ist zwar nicht direkt unangenehm, aber es langweilt. Es motiviert auch nicht. Gut, um das letztere wollte ich mich ja selbst kümmern, so hatte ich das beschlossen. Aber ich weiß nicht genau wie ich die vierundzwanzig Stunden eines Tages und dann all die folgenden Tage füllen soll. Nur ich selbst bin der Inhalt in allen Variationen, sonst eigentlich nichts.

Ich stehe so spät wie möglich auf, frühstücke, lese (ich habe noch vier Bücher für die nächsten sechs Wochen, die müssen also rationiert werden), gehe hinaus. Holz hacken, den Hunden Wasser geben und Spielchen mit ihnen spielen und dann, ja, was dann? Ich stöbere ein bißchen herum, bastle an den gelben Seehundfellen, gestern habe ich Ohrwärmer gemacht aus dem Taillenband einer alten Jeans von N und einem Stück Fuchsschwanz. Sie sehen ziemlich bescheuert aus, sind aber sehr warm. Heute morgen habe ich den Stiel des Beils kaputtgeschlagen, das muß also repariert werden. Oder es bis morgen liegenlassen?

In den Nachrichten wird gemeldet, daß alle Bewohner von Bergen umgesiedelt werden müssen, weil Zyanid im Boden gefunden wurde. N findet das lächerlich. Wenn ich darüber nachdenke, sehe ich es als Zeichen für den Verfall in unserer Gesellschaft, wenn ich nicht darüber nachdenke, vergesse ich es, es ist zu weit von meinem Bett entfernt. Mein Norwegisch wird besser. Ich verstehe ein bißchen, was im Radio gesagt wird, und ich kann auch einiges lesen, aber ich spreche es bisher nicht. Dabei handelt es sich aber mehr um ein Nichtwollen als um ein Nichtkönnen. Was für einen Sinn sollte es auch haben? Ns Dialekt scheint meinem Eindruck nach nur aus platten Ahs und Ohs zu bestehen, gespickt mit unverständlichen Konsonanten. Meine Englischstunden habe ich schon sehr bald wieder eingestellt, denn wie soll man jemandem, der keinerlei Dunst hat von der Grammatik seiner eigenen Sprache, eine neue Sprache beibringen? Er plaudert aber auch so ganz gut drauflos. Wir haben hier eine Art Austfjordneset-Sprache entwickelt, die auf Englisch aufbaut, in der es so gut wie keine Vergangenheit gibt und verschiedene norwegische Redewendungen eins zu eins ins Englische übersetzt werden. »I take a telephone« heißt beispielsweise jemanden anrufen. Die Fachausdrücke der Polarwelt belassen wir im Norwegischen, denn dafür kenne ich die englischen Bezeichnungen nicht. Die Mittel sind gering, aber für die Anzahl der Gespräche, die wir führen, benötigt man sowieso kein umfassendes Vokabular.

N macht hauptsächlich nichts. Er holt mal ein paar Abfallsäcke voll Schnee, die er zu Wasser schmilzt, und er füttert die Hunde. Ansonsten sitzt er an der anderen Tischseite, raucht Zigarren, trinkt Kaffee und liest ab und zu ein paar Seiten in seinen Dreigroschen-Krimis oder blättert die Seiten seines Tagebuchs der letzten Jahre durch. Manchmal läuft er viele Stunden in seinem Arbeitsoverall herum, wobei mir immer verborgen bleibt, was er dann arbeitet. Einmal erzählt er mir gut gelaunt, auf welche verschiedenen Arten man die Hunde vor den Schlitten spannen kann. Ich lausche brav seinen Ausführungen, die ich schon einmal von ihm gehört habe, streue ab und an eine Frage ein, um das Gespräch in Gang zu halten, und dann ist es wieder still.

Dennoch gelingt es mir gut, mich durch die Tage zu lavieren. Es hilft, wenn man nicht so oft auf die Uhr sieht und den Ablauf des Tages ein wenig plant. Den heutigen Tag habe ich zum Waschtag erklärt. Der große Wassertank mit sechzig Liter Inhalt steht schon seit Stunden auf dem Ofen. Ich sortiere besonders schmutzige Socken und Feinwäsche und lasse alles in Eimern einweichen. Die Frage, wie die Wäsche bei der niedrigen Zimmertemperatur trocknen soll, könnte noch ein Problem werden, fürchte ich.

Stetig hat der Mond zugenommen und ist am Himmel höher gestiegen. Und mit derselben Gleichmäßigkeit wurde es täglich kälter. Heute sind es minus achtundzwanzig Grad, acht Grad unter der durchschnittlichen Temperatur im November, aber ich schwitze wie verrückt. Mir drängt sich der Gedanke auf, daß meine Langlauftechnik schlecht ist. Das Eis ist jetzt noch rauh, weil das Salz des Meerwassers noch nicht auskristallisiert ist. Daß das Befahren aber so schwer sein muß? Die Insel scheint auf der anderen Seite Spitzbergens zu liegen. Aber es macht nichts, es tut mir gut, mich wieder einmal körperlich total zu verausgaben. Und die mich umgebende Welt sieht märchenhaft aus. Der Mond, der Mond ist so phantastisch. Er zaubert einen sanften tiefblauen Schimmer auf den Schnee und leuchtet so stark, daß Schatten entsteht.

Es ist widersinnig, die Intensität von Licht durch den entstehenden Schatten anzugeben. Aber was würde das Licht ohne Schatten bedeuten? Für alles gibt es einen Gegenpol. Das erinnert mich an die Geschichte von einem Baum, der nur dann zum Himmel wachsen kann, wenn er tief im Boden verwurzelt ist. Sonst fiele er um oder würde schweben.

In schwierigen Zeiten sage ich mir, daß mir jetzt tiefe Wurzeln wachsen und egal, wie schwarz mein Leben manchmal ist, etwas Positives ist dennoch dabei. Positiv genug, um den Hubschrauber ohne mich zurückfliegen zu lassen. Erschöpft vom Langlaufen sinke ich neben der Falle in den Schnee. Die Falle ist leer. Das macht mir nichts aus, ich wollte nur ein Ziel vor Augen haben. Langsam komme ich wieder zu Atem, wische mir den Schweiß von der Stirn und betrachte die Umgebung. Auch jetzt noch, vier Wochen nachdem die Sonne untergegangen ist, glänzt im Süden eine leichte Glut am Himmel. Einige verwehte Wolken hängen über den Gletschern wie die Rauchsignale eines fernen Freundes. Was möchte er mir sagen? Ich weiß es nicht, glaube aber fest an ein »Don't worry, be happy«. Und so ist es auch.

Ich bleibe gedanklich noch ein Weilchen bei dem fernen Freund und will dann aufbrechen, denn es wird kalt. Automatisch greife ich neben mich, um das Gewehr an mich zu nehmen. Es liegt aber nicht da. Meine Güte, habe ich es verloren? Unmöglich. Ich muß es zu Hause vergessen haben ... ich war so beschäftigt mit den Skiern, Schuhen und Skibindungen.

Auf dem Nachhauseweg ist mir meine Langlauftechnik sehr egal, ich sorge vor allem dafür, daß die Skier sich schnell bewegen und mich zurückbringen. Überall um mich herum fühle ich die Anwesenheit von Eisbären, aber sie sind gerade so weit weg, daß ich sie nicht sehen kann. Schneller, sie dürfen mich nicht einholen. Nach Hause – ich will die Tür hinter mir schließen können.

Der nächste Tag. Ich war so voller Begeisterung gewesen, und die Vorstellung, den Hundeschlitten zum ersten Mal auszuprobieren, fand ich so aufregend. Endlich würde sich der Traum erfüllen. Jetzt sitze ich in meiner kleinen Ecke auf der Bank und fühle mich elend. Ich bin von der Kälte krank geworden und vermisse Rudolf wieder wie in den ersten zwei Wochen. Die Hütte erscheint mir wieder völlig fremd. Große, vor sich hin starrende Augen, die nichts wahrnehmen – ich bin ganz weit weg.

Ich hatte gedacht, es wäre ganz einfach, auf den Skiern neben dem Schlitten herzufahren, schließlich ziehen die Hunde den Schlitten vorwärts. Aber meine Arme wurden von dem krampfhaften Versuch, mich am Schlitten festzuhalten, völlig steif, und meine zitternden Beine wippten nur ständig hin und her, anstatt die Skier auf Spur zu bringen, um der Richtung der Hunde zu folgen. Höchstens eine Minute konnte ich diese Position halten, dann ging ständig etwas in meiner Koordinierung schief, die Skiern ragten plötzlich in die Luft und ich flog hin. Daraufhin mußte das Gespann warten, bis ich mich wieder sortiert hatte. N wurde mit meiner Vorstellung auch nicht gerade glücklich und beschloß, ich solle auf dem Schlitten sitzen. Gut, keine schlechte Lösung, aber nichts ist so kalt, wie ruhig sitzen, wenn es minus dreißig Grad sind. Ich bemühte mich, meine Zehen zu bewegen, aber die hörten mich nach einer Weile nicht mehr.

Auf dem Rückweg kam plötzlich eine Ladung Hundescheiße vorbeigeflogen. Bamse ist noch jung, das ist sein zweiter Winter, und er meinte, er könne einfach so sein Geschäft nebenbei erledigen. Allerdings drückte dabei wohl der Schlitten gegen sein Hinterteil, so daß er davon absah, den Vorgang ganz zu beenden. N rief schon einige Male »venstre«: zur Hütte geht es links weg, die Hunde folgten aber nicht. Die Insel rückte immer näher, ebenso das Feld mit dem Packeis, das sich dort gebildet hat. Plötzlich befanden wir uns mittendrin. Die Hunde schleppten uns Eisberg hoch, Eisberg runter, völlig taub für Ns Kommandos und Flüche. Manchmal blieb der Schlitten stecken. Einmal kippte er sogar an einer Stelle, an der sich Flutwasser gesammelt hatte, um – und ich mit ihm. Erst als wir das Feld fast durchquert hatten, rochen die Hunde ihren Stall und bogen links ab.

Die Situation war durchaus komisch, aber ich konnte nicht darüber lachen und auch jetzt noch nicht. Ich kann nicht Ski fahren und darf deshalb nicht mit zum

Fallen kontrollieren. Vor lauter Elend habe ich zu viele Pfannkuchen gefuttert, und das macht alles nur noch schlimmer. Einfach weil ich meine Gefühle nicht mehr in der Hand habe, mich sehr angeschlagen fühle und ich das alles nicht will. Rudolf, warum kommst du nicht und heiterst mich auf? Ja, ich weiß irgendwo tief in mir verborgen, daß ich das selbst kann und sogar muß, aber wozu? Wir haben doch eine Sendestation, ich werde meinen Vater anrufen. Nach einem guten Gespräch sehe ich Gott sei Dank wieder Lichtpunkte.

Später im Bett kann ich nicht einschlafen. Die ersten Stunden sind noch erträglich, ich denke an allerlei Phantasiegeschichten mit Freunden und male mir aus, wie es sein wird, wenn die *Plancius* im nächsten Sommer wiederkommt. Ich steigere mich in die Phantasien hinein und sehe die Gesichter wirklich vor mir, wie sie schauen, lachen und was sie sagen. Gegen vier Uhr reicht es und ich möchte schlafen, aber das gelingt mir erst sehr viel später.

Es ist noch früh, als ich am nächsten Morgen zum ersten Mal aufwache, zu früh. Als ich wieder einnicken will, höre ich N. Er hat einen schlimmen Hustenanfall, röchelt und bellt sich die Lungen aus dem Leib. Er raucht zuviel. Ich träume noch eine Stunde vor mich hin, dann stehe ich auf. Jetzt sehe ich, daß er nicht nur hustet, sondern sich erbricht. Es stinkt. Ich frage ihn, ob er sich nicht gut fühlt, aber er antwortet nicht, er sieht mich nur mit verzweifelten Augen an, die um Mitleid bitten. Das kann er sich aber abschminken. Wenn er einen Kater hat, ist er selbst daran schuld.

Ich frühstücke und fange dann an, Brot zu backen. N murmelt etwas vor sich hin und ächzt, aber das läßt mich kalt, er wird es schon überleben. In der Werkstatt hole ich einen Meßbecher Mehl; N hat den Ofen angemacht, es ist schön warm. Aber der Ofen funktioniert nicht so, wie er soll, warum ist es hier so rauchig? Ach ja, es ist fast windstill, der Ofen zieht wahrscheinlich schlecht. Ich will N Bescheid sagen, sehe aber, daß er langgestreckt auf der Bank liegt und schläft. Am besten schlafen lassen!

Als der Teig soweit fertig ist und ich ihn zum Gehen auf den Ofen stelle, höre ich in der Werkstatt Gepolter. Ein Bär? Ich wecke N, setze meine Stirnlampe auf und gemeinsam öffnen wir die Tür. Meine Nase und meine Augen protestieren: Rauch!

Die Luft in der Werkstatt ist blau gefärbt vom Rauch und in der am weitesten entfernten Ecke beim Ofen züngeln Flammen vom Dach herab.

»Nei«, brüllt N und stolpert prustend und hustend gegen das Petroleumfaß.

Ich renne schon wieder zurück, um Wasser zu holen, aber der Tank ist noch nicht wieder gefüllt. Es bleiben uns vierzig Liter Wasser. Mit zwei gefüllten Eimern laufe ich in die Werkstatt, aber unterwegs zum Ofen strauchle ich über etwas Großes. Zwanzig Liter Wasser verlaufen sinnlos auf dem Boden. Verdammt. Was liegt hier bloß? Ich gönne mir keine Zeit, um darüber nachzudenken, sondern gehe hinter N her nach draußen, um Schnee zu holen. Der Schnee um die Ecke reflektiert eine rote Glut. Aus der Entfernung sieht der Brand viel schlimmer aus. Ich klettere auf das Dach und kippe die zwei Eimer Schnee um den Schornstein herum, aber die Wirkung ist gleich Null. N holt Kohlen, um den Ofen im Wohnbereich aufzuheizen. Wir brauchen Wasser! Ich ziehe das oberste Rohr aus dem Schornstein und, o Gott, es ist nicht nur der Schornstein, sondern das ganze Dach, es brennt im Zwischenraum des Daches! Von der Ecke beim Schornstein bis zum Dach des Wohnteils sind es nur drei Meter … Wie weit reichen die Flammen schon? Unsere Hütte, das sichere Zuhause, in dem man Gefahr und Kälte trotzen kann, indem man die Tür schließt; alles was wir in dieser Wüste haben, laß es bitte nicht in den Flammen aufgehen!

Gott sei Dank weht kein Wind, sonst wäre das Dach schon abgebrannt gewesen, bevor wir es bemerkt hätten. Ich blicke zum Himmel und sehe Jupiter, begrüße ihn mit einem kurzen Lächeln. Solange er noch am Himmel steht, dreht die Erde sich noch um ihre Achse. Es gibt noch Hoffnung.

N ist in der Hütte und macht Wasser. Es ist mir nie aufgefallen, daß Schnee so quälend langsam schmilzt. Warum hat der Idiot keinen Feuerlöscher? Wieder versuchen wir, das Feuer zu löschen, aber es ist zwecklos, wir erreichen die entscheidenden Stellen nicht. Schließlich muß N mit einem Brecheisen das Dach aufbrechen und nach vielen kleinen Mengen Wasser gewinnen wir Land. Erleichtert hole ich Atem und sehe noch einmal hoch zu Jupiter, meinem vertrauten Freund. Gut gemacht, sagt er.

Aber welch ein Chaos. Die Werkstatt liegt voller verkohlter Holzstücke, halb geschmolzenem Plastik, Glaswolle und Bruchstücke des Schornsteinrohrs. Das Dach hat ein zwei Quadratmeter großes Loch, und die Decke, meine schöne Decke ist völlig schwarz. Und jetzt weiß ich auch, was so gepoltert hat, und worüber ich mit den zwei Eimern Wasser in der Hand strauchelte: das Schlauchboot und die Räder des Anhängers waren von der Decke gefallen. Die Schnur, mit der ich die Zugwinde am Querbalken festgebunden hatte, war geschmolzen. Es war zwar nicht so geplant, aber ein solcher Feuermelder ist nicht das schlechteste.

Später sitzen wir am Tisch und essen das frische Brot. Die lange Ruhezeit zum Gehen der Hefe hat dem Teig gutgetan, das Brot schmeckt ausgezeichnet. Kopfschüttelnd sehe ich N an. Es ist mir nach wie vor unklar, wie dieses Feuer entstanden ist. N hatte eine Metalleinfassung um das Schornsteinrohr herum befestigt, an der Stelle, an der es durch das Dach geführt wurde, und hat die Zwischenräume mit Glaswolle aufgefüllt. Glaswolle brennt nicht. Was ist schiefgegangen? N geht kaum auf meine Überlegungen ein. Ist es ihm egal? Er wird dieselbe Konstruktion noch einmal machen und kümmert sich nicht um die Frage, wie das Feuer entstanden sein könnte.

Es will mir beim besten Willen nicht in den Kopf, wie jemand so stur der Frage nach dem Wie und nach dem Warum ausweichen kann. Und ich werde kein Geheimnis daraus machen. Ich sage ihm ins Gesicht, wie dämlich er ist, daß bei ihm jede Form von logischem Begreifen fehlt, daß ... ach, vergiß es, wozu das Ganze. Es hat doch keinen Sinn.

Dennoch tut es mir gut, meinem Herzen Luft zu machen. Oder könnte es sein, daß ich Spaß daran habe, ihn zur Schnecke zu machen?

Die vielen Male, wo ich es besser wußte, beim Einstellen des Außenbordmotors oder im Fall des lecken Schlauchboots, bei den Holzarbeiten in der Werkstatt, beim Installieren des Senders! Jedesmal, wenn er nicht meinen Erwartungen entsprach, wenn ich schmachtend an Ragnar dachte, mit dem alles anders gewesen wäre. Ich kann nicht leugnen, daß es mir ebenfalls guttut, ihn fühlen zu lassen, daß ich schlauer bin als er. Setze ich ihn deswegen herab, damit ich selbst besser dastehe? Ist es mir ein Bedürfnis, ihn zu erniedrigen?

Es ist ziemlich niederträchtig, aber wenn ich mir zugestehe, ganz ehrlich zu sein, dann ist das die Wahrheit. Da keine Liebe im Spiel ist, fühle ich auch keinen Haß, denn diese sind eng miteinander verbunden. Da keine Liebe im Spiel ist, suche ich Macht. Macht gibt Sicherheit und hält Distanz. Ich dachte, einen Schritt weiter zu sein, indem ich mich auch ohne Hubschrauber und Seehundfelle nicht mehr so hoffnungslos allein fühlte, aber siehe da, ich habe offensichtlich einen anderen Ersatz gefunden. Das Ego ist wirklich erstaunlich schlau und sorgt dafür, gestreichelt zu werden, egal wie.

Gestärkt durch diese Einsicht – die Bereitschaft, weniger schöne Charakterzüge an mir selbst zu akzeptieren, streichelt das Ego schon wieder – sammle ich meinen Mut und rufe am Abend Rudolf an. Wie schön, seine Stimme zu hören und zu erfahren, daß es ihm gutgeht, und er neue Reisepläne hat. Aber es bleibt ein Gespräch zwischen zwei Menschen, die nicht genau wissen, was sie aneinander haben. Plötzlich sind nur ihre Stimmen und Ohren miteinander verbunden, sonst nichts. Ist eine Beziehung, die nur aus einem Briefwechsel besteht, zum Scheitern verurteilt? Ich ziehe es vor, mich an meiner schönen Geschichte festzuhalten und mir keine Sorgen zu machen, denn davon habe ich schon genug.

In den nächsten eineinhalb Wochen ist der Mond fast gar nicht oder nur als dünne Sichel am Himmel zu sehen, aber das macht nichts: schon bald ist Weihnachten! Noch dreizehn Tage bis der Hubschrauber kommt, das heißt, bis zu dem Tag, für den der Flug geplant ist. Mein Vater erzählte mir, daß er ein Paket für mich zusammenstellt mit Büchern über Sendetechnik und Wetterkunde, den Abzügen der Filme, die ich ihm geschickt habe, und einigen Zeitschriften. Damit kann ich die Zeit überbrücken bis die Sonne wiederkommt und ich dann zu Ragnar ziehe. Dann werde ich nicht mehr abhängig von N sein, der meine Seehundhäute vergilben läßt, dann werde ich ein eigenes Leben haben.

Aber ich finde, daß ich anstandshalber N fragen sollte, ob dieses eigensinnige Mädchen, das sich weigert, mit ihm zu schlafen, noch ein paar Monate bleiben kann. Er sieht mich lange an:

»Ja, das ist okay, du kennst dich mit dem Sender aus.«

Ich danke dem Sender auf nackten Knien. Obwohl ich nicht mit ihm ins Bett will, habe ich also immerhin ein Unentschieden erreicht. Sehr beruhigend. Kichernd erzählt er, daß seine Freunde denken, es würde sich hier eine große Liebesgeschichte abspielen. Er schüttelt den Kopf und lacht laut, aber unecht, als wollte er mich auffordern, darauf zu reagieren. Aber was habe ich mit dem zu tun, was seine Freunde denken – sie sind nicht mit ihm hier in der Hütte. Ich schreibe weiter an meinem »Bewerbungsschreiben« an Ragnar. Wenig später kommt er auf das Thema zurück.

»Was denkst du von mir?«

Nun, das ist eine schwierige Frage. Ich würde ihn wie eine Ameise am Boden zertreten, wenn ich ihm die Wahrheit – meine Wahrheit – sagte, aber ich sehe den Sinn nicht ein. Das würde nur den Abstand zwischen uns vergrößern, zudem könnte er sich nicht in einer Sprache, die ich gut beherrsche, wehren.

»Wir sind sehr verschieden. Ich denke gerne nach und du nicht.«

Wir haben wenige Themen, über die wir sprechen können und das ist hinderlich für die Entwicklung einer Freundschaft. In diesem Punkt stimmt er mir zu, aber er sieht, glaube ich, nicht, wie fundamental der Unterschied ist.

»Wir können öfter Kniffel spielen.«

Als ob das helfen würde. Er kann sich noch nicht einmal für drei Würfe eine Strategie zurechtlegen, immer legt er nur die hohen Punkte zur Seite.

Er sagt, daß ihm meine Anwesenheit immer wieder auffällt, daß er sich nach drei Monaten noch nicht daran gewöhnt hat, daß zwei Menschen in der Hütte wohnen.

»Aber gefällt es dir, daß ich da bin?« frage ich ihn erneut. Unter dem Motto, daß wir zwei sehr unterschiedliche Menschen sind, scheint jetzt alles gesagt werden zu können.

»Ja, aber Rudolf ist ein Problem«, antwortet er lachend.

Als ich ihn frage, ob er im Juli meinem Aufenthalt auf Austfjordneset auch zugestimmt hätte, wenn ich verheiratet gewesen wäre, bleibt er still. Er spricht nicht gerne über sich. Aber nein, er würde sagen, nein. (Es geht also nicht um mich, sondern um Sex.) Das kann er aber jetzt nicht mehr bringen, was hätte er denn ohne mich mit dem Sender angefangen?

»Ist es in Ordnung, wenn ich bleibe? Wenn nicht, dann gehe ich.«

Er möchte gerne, daß ich bleibe. Mir ist zwar nicht klar, warum, aber wenn er sagt, es ist okay, dann ist das seine Verantwortung.

Heute hat er schon mehrmals über Rückenschmerzen geklagt, aber ich stellte mich für sein Jammern und Stöhnen taub und zuckte nur mit den Schultern. Jetzt bittet er mich, ihn zu massieren. Ich lache und schüttle langsam den Kopf. Ich habe kein Verlangen nach dieser Art von Intimität, und außerdem würde meine Nase protestieren. Er stinkt immer noch so. Ich halte immer die Luft an, wenn ich an seinen Klamotten vorbeigehe, die an Nägeln an der Wand hängen.

Man stelle sich das vor. Gestern dachte ich noch, das ist der Winter, fünfunddreißig Grad unter Null, ein richtiger Winter. Heute denke ich fast an meinen Bikini. Der schneidende Wind ist weg. Ein laue Brise ist fühlbar und es sind nur minus zehn Grad. Spitzbergen liegt exakt an der Grenze zwischen kalter Polarluft und der wärmeren Luft über einem Ausläufer des nordatlantischen Golfstroms. Wenn sich der Wind dreht, kann es im Winter vorkommen, daß die Temperatur innerhalb von wenigen Stunden um zwanzig Grad steigt oder fällt. Vor allem wenn man unterwegs ist, kann man böse Überraschungen erleben: kommt der Nordwind auf, wird es plötzlich eisig kalt, der Südwind bringt oft Schnee oder Nebel.

Aber im sicheren Zuhause macht es Spaß. Mit nur einem Pullover unter meiner Jacke gehe ich hinaus für einen Spaziergang über das Eis. Eine dicke Wolkendecke hängt über dem Fjord, und die Welt sieht grau aus, aber der warme Wind bringt ein freundliches Wohlwollen mit sich und läßt Gedanken an Eisbären dahinschmelzen. Ich fühle mich heimisch in der Dunkelheit und habe die Sonne bisher noch nicht vermißt. Es war ein langsamer Prozeß. Und wenn die Natur sagt, es müsse dunkel sein, wer bin ich dann, um die Sonne zurückzufordern? Es ist wie es ist und nicht anders. Die Sonne ist wie eine Geschichte, die ich irgendwann einmal in einem Buch gelesen habe und mehr nicht.

Es ist an sich gar nicht so dunkel, es gibt einfach nichts zu sehen. Deswegen sehe ich nichts. Bis ich an einen Eisberg stoße. Au, das tut weh! Ich setze die Stirnlampe auf und sehe zu meinem großen Erstaunen, daß ich mitten in einem eingefrorenen Eisbergfeld stehe. Mit viel mehr Glück als Verstand war ich an den riesigen Eisklötzen in einer Entfernung von zwei Meter vorbeigegangen, in der Annahme, es wäre nichts da.

Ich muß über mich selber lachen, aber dann kommt der Gedanke an die Eisbären. Sie sind genauso weiß wie ein Eisberg, bellen oder miauen nicht ... würde ich sie hören, auf ihren samtenen Füßen? Sind alle diese Eisberge wirklich Eisberge?

Wenn ich mich zu lange mit solchen Fragen beschäftige, mache ich mich total verrückt. Ich bemühe mich, die Gefahr zu vergessen und halte entschlossen Kurs auf dieses eine Licht dort in der Ferne.

Ich zähle ununterbrochen die Tage bis der Weihnachtshubschrauber kommt, dann bekomme ich nämlich Post, und sobald ich das Paket von meinem Vater habe, wird sich mein Leben ändern. Nichts wird mich dann davon abhalten, die Zeit bis zu meinem Umzug zu Ragnar oder sonstwohin, wenn er mich nicht will, so angenehm wie möglich hier zu verbringen. Ich habe auch einen Brief an eine Gruppe von Geologen aus Cambridge geschrieben, der wir im letzten Sommer begegnet sind, und mich als freiwillige Helferin für nächsten Sommer angeboten. Es waren wirklich nette Leute und ich könnte zudem noch mehr von Spitzbergen sehen, und zwar ohne hohen Kostenaufwand. Diesen Plan könnte ich aber erst in sechs Monaten umsetzen. Was ist mit der Zeit dazwischen, vor allem, wenn ich nicht zu Ragnar ziehen kann?

Ich könnte einmal Toralf, unseren Pelzjäger-Nachbarn, der hundert Kilometer entfernt wohnt, besuchen. Er ist Mikrobiologe und lebt seit zwölf Jahren hier allein als Fuchsfänger. Seither war er nicht mehr in Norwegen gewesen, auch nicht im Urlaub. Manchmal plaudern wir über Funk miteinander, dann erzählt er munter drauflos über Gott und die Welt. Er ist sehr nett und interessiert und hat ein gutes Gefühl für die trockene Art von Humor, die ich sehr schätze. Ich halte es aber auch für problematisch, mit einem Mann zusammenzuleben, der so lange allein war. Kürzlich hat er mich gefragt, ob ich Mitglied werden möchte in der Gewerkschaft für Pelzjäger, in der er Vorsitzender ist, und ob ich dafür dann bitte dreißig Gulden zahlen möchte. Ich habe mich geweigert, nicht wegen des Geldes, aber weil ich mir nicht sicher bin, ob ich zu den Pelzjägern gehören will. Er konnte das nicht verstehen und schimpft mich jetzt Greenpeace-Spionin. Die *Plancius* ist schließlich das Schwesterschiff des Aktionsschiffs *Sirius*, oder? Die netten Funkgespräche gehören seitdem der Vergangenheit an. Aber selbst wenn es mir gelänge, ihm die Spionagegeschichte auszureden, ist es vielleicht doch nicht so eine gute Idee, bei ihm einzuziehen. Was soll ich mit jemandem, der meine Meinung nicht respektiert? N mag nicht gerade sehr intelligent sein, er akzeptiert aber, daß ich über bestimmte Dinge anders denke.

Vielleicht ist das auch einfacher für ihn, er hat sich bestimmt daran gewöhnt, daß er von vielen Dingen keine Ahnung hat. Und Leuten wie Toralf und mir, die von Haus aus mehr von sich halten, fällt es schwer, von anderen etwas anzunehmen. Das könnte dann wieder ein Pluspunkt für meinen doofen Pelzjäger sein, nicht wahr?

N ist schon mehrmals aufgestanden und nach draußen gegangen, um das Wetter zu begutachten. Es ist bewölkt, dunkel und minus einundzwanzig Grad. Um sechs Uhr beschließt er, sich mit dem Hundeschlitten auf den Weg zur zehn Kilometer entfernten Hütte im Süden zu machen, um die Fallen zu kontrollieren. Das wird ein Unternehmen für zwei Tage und ich darf – großes Wunder – mitfahren.

Ich habe fast alle Kleider am Leib, die ich besitze, und eine Stunde später habe ich mich auf dem Schlitten eingerichtet. Schon beim ersten Eisberg fällt der Schlitten um, und als ich wieder aus dem Schnee krabble, sehe ich die Hunde gerade noch in der Dunkelheit verschwinden. Ns Kommandos, stehenzubleiben, sind zwecklos. Eine Dreiviertelstunde renne ich hinter einem fluchenden N her, bis wir letztlich das Spurensuchspiel gewinnen. Die Zugleinen der Hunde sind hoffnungslos verwirrt und N ist so wütend, daß er nicht die nötige Ruhe aufbringt, um die Leinen zu entwirren. Troll zickt herum und er kriegt es schwer zu spüren, daß er nervt, weil er nicht still sitzen kann. Als N sein Messer zückt, um das Durcheinander der Leinen einfach abzuschneiden, biete ich ihm an, meinerseits einen Versuch zu unternehmen. Nach einem Kampf mit dem Bündel an Schnüren und einem Batzen Eis habe ich keinerlei Gespür mehr in meinen Fingern, aber die Leinen sind entwirrt.

Die Sicht ist inzwischen ständig schlechter geworden, und ich frage mich ernsthaft, ob es ratsam ist, jetzt mit dieser langen Fahrt zu beginnen. N meint, ja. Alle paar Hundert Meter halten wir an und N klettert zu den Stellen, an denen die Fallen verborgen sind. Ich drehe Runden um den Schlitten und schlage mir die Arme um die Taille, um warm zu bleiben. Es gelingt nicht. Es ist meine Aufgabe, die Hunde ruhig zu halten und zu verhindern, daß sich die Leinen erneut verwirren, aber zum ersten Mal habe ich das Gefühl, daß die Hunde ein Spielchen mit mir spielen. Ich mühe mich ab, um genauso streng zu wirken wie N, aber meine Bemühungen reichen nicht aus. Knøtte und Troll bleiben einfach nicht liegen und stacheln die ganze Gruppe auf. Ich werde davon nicht gerade fröhlicher.

N kommt mürrisch zurück. Die Falle war leer. Auf dem Weg zur nächsten Falle landen wir auf einer Ebene mit riesigen Eisbergen. Zum wiederholten Mal erklärt N, daß er nach Hause möchte. Dann soll er das eben machen. Dieses ständige Fluchen und Nörgeln, ich will es nicht hören und ziehe mich zurück, verberge mich tief in meinem Schal. Schließlich kehren wir um. Meine gefrorenen Zehen und Finger gehören nicht mehr zu mir; mit fast geschlossenen Augen spähe ich zu den Hunden vor mir. Die Sicht ist so schlecht, daß ich den vordersten nicht sehen kann. Hundepfoten in

Bewegung und knirschender Schlitten. Ansonsten nur Stille, ich denke nicht mehr, höre N nicht mehr, sitze nur auf dem Schlitten.

Um halb zwölf sind wir zu Hause. Wie betäubt hänge ich die Hunde an die Ketten und gehe hinein. Als ich nach Stunden voller Träumereien von meinen Freunden endlich einschlafe, habe ich immer noch kein Gefühl in meinen Füßen.

Ob man nun sehnsuchtsvoll wartet oder sich mit Kräften zur Wehr setzt, die Zeit läuft in ihrem Tempo unermüdlich weiter. Endlich ist es soweit, der Hubschrauber kommt! So, wie nun schon fast Weihnachten gekommen ist, so wird auch einmal der März dasein, denke ich mir. Es ist ein beruhigender Gedanke.

N ist supernervös. Eigentlich kein Problem, aber er hätte gern, daß ich mich daran beteilige. Er hat seine Hälfte des Tisches schon aufgeräumt und sieht ständig auf die Uhr. Radio an, Radio aus, hinaus, und wieder hinein. Na ja, mach nur.

Lieber Rudolf, was soll ich bloß machen? Es ist aussichtslos.

Der Sender ist kaputt.

Ich könnte heulen, wieder mal. Und heute sind schon so viele Tränen geflossen. Ich möchte wütend werden, habe aber keine Kraft mehr. Es zehrt an mir wie dauernder Kopfschmerz. Zum ersten Mal möchte ich am liebsten schreien: Ich will nach Hause! Aber leider, der Hubschrauber ist soeben weggeflogen …

Und dann meldet sich wieder die Stimme der guten alten Heleen und flüstert: Alles wird gut. Es wird schon seinen Sinn haben.

Soeben etwas gegessen. Die romantischen Töne von Chopin, die, in zweifelhafter Qualität aus dem kleinen Kassettenrecorder ertönen, ändern nichts an der Tatsache, daß ich mich wie eine blutdürstige Tigerin fühle. Ich muß mich in acht nehmen, denn ich bekomme wieder große Lust, N ganz und gar niederzumachen. Chopin gibt sein Bestes, um mich etwas zu besänftigen, erinnert mich aber nur zu sehr an Zeiten mit einer alten Freundin, an Liebe und an Verständnis.

Ich sollte Dir vielleicht erst erzählen, was an dem heiß ersehnten Tag, an dem der Hubschrauber kam, passiert ist; warum mir der Umstand, daß ich Dich nicht mehr anrufen kann, solche Schwierigkeiten bereitet.

Der Hubschrauber sollte gestern kommen, kam aber nicht. Das fand ich ja noch erträglich, ein Tag länger warten, war nicht so schlimm. Heute kam der Hubschrauber dann, aber ohne das Paket mit den Büchern …

Mein Welt stürzte ein.

Verzweifelt verließ ich die Werkstatt, in der die Piloten alle Schachteln und Pakete abgestellt hatten. Ich habe noch im Hubschrauber nachgesehen, es war aber nichts da. Drinnen saßen alle bei Kaffee und Kuchen, den die Frau des Gouverneurs gebacken hatte.

Auch Kuchen? Ja, Kuchen.

Kaffee? Nein, keinen Kaffee.

Wie gefällt es dir hier? Hm, bitte was? Was meinen Sie?

Wie gefällt es dir hier? Oh, ganz gut, aber mein Paket …

Die Piloten werden sich denken, ich sei ein sehr undankbarer Mensch, denn ich habe mich nicht einmal für den Kuchen bedankt und genausowenig für den Tannenzweig mit roter Schleife, der nun vor dem Fenster hängt.

Vom Gespräch während des Kaffeetrinkens habe ich sonst nichts mitbekommen. Unaufhörlich ging mir durch den Kopf: keine Bücher, keine Abzüge von den ersten Fotoaufnahmen, keine Medikamente gegen Durchfall.

Ich kann in dieser einsamen Welt durchaus glücklich sein, weil es mir gelingt, mein Glück aus ganz kleinen Gewißheiten zu beziehen, aber manchmal geht es schief. Ich weiß nicht, ob es sich lediglich um Dekorationen aus meinem selbst erfundenen Leben handelt oder nicht, aber ich bin wütend. Auf wen? Auf das Schicksal, das mir Stück für Stück alle meine Sicherheiten zerstört. Warum?«

Aber sieh doch, Jupiter steht wie ein funkelnder Freund am Himmel; das Leben geht weiter. Wenn es nicht gehen kann, so wie es soll, dann geht es eben wie es kann. Und ich tauche ein in meinen Stapel mit Briefen, den sie Gott sei Dank mitgebracht haben. Mit hochgezogenen Beinen sitze ich auf der Bank in der Ecke und lese beim Licht der Petroleumlampe zuerst Rudolfs Brief. Ich vergesse die Trauer um die Bücher und fühle mich selig wie im siebten Himmel. Es ist ein schöner, lieber Brief und für einen Augenblick sitzt er wieder neben mir. Er verspricht mir, am 9. Januar anzurufen. Ich lese in den anderen Briefen weiter. Es ist ein Brief dabei von meiner alten Herzensfreundin Elsa. Viel zu lange haben wir wenig voneinander gehört. Ich ging eigentlich davon aus, daß diese Schulfreundschaft dabei war, zu Ende zu gehen, und hatte ihr mit dem Hubschrauber nur einen Neujahrsgruß geschickt. Und jetzt finde ich einen langen Brief von ihr vor und die Frage, warum ich nichts mehr von mir habe hören lassen. Das kommt mich hart an. Ich weine und wünsche mir, der Hubschrauber käme zurück, so daß ich noch einen Brief für sie mitgeben könnte. Geht leider nicht. Noch mehr Briefe. Von wirklich guten Freunden. Es berührt mich, wie nie zuvor: plötzlich halte ich in Händen, was ich monatelang vermißt habe, nämlich Verständnis, Liebe, Freundschaft. Ich habe dann, überglücklich mit den liebevollen Briefen und gleichzeitig mit allem überfordert, den ganzen Tag geheult.

Wahrscheinlich wäre ich besser damit zurechtgekommen, wenn die Bücher und Fotos ebenfalls angekommen wären. Wenn ich einen Bezugspunkt gehabt hätte, auf den ich mich hätte stützen können: Ich schaffe es, ich kann es, ich bin jemand. Jemand, der schöne Aufnahmen gemacht hat. Jemand, der sich in die Technik von Sendegeräten einarbeitet und so die Zeit ohne

Sonne überbrückt; die Zeit bis Ragnar kommt, überbrückt. Aber es darf wohl nicht so sein. Alles muß mir gleichzeitig entgleiten.

Mit einem funktionierenden Sender hätte ich mich wieder für eine gewisse Zeit über Wasser halten können; Gespräche mit Rudolf, meinem Vater und meiner Mutter hätten mir Ablenkung geboten. Mit diesen Möglichkeiten hätte ich Chancen gesehen, hier zurechtzukommen.

Als ich heute meine Mutter anrief, um ihr zu erzählen, daß das Paket nicht mitgekommen war, spielte der Sender nach fünf Minuten verrückt, einfach so... Jedes Wort klang eigenartig verdreht und ein starkes Rauschen war zu hören. Verschiedene Lämpchen leuchteten auf, die gar nicht leuchten sollten, vor allem nicht gleichzeitig. Aus, das Sendegerät ist kaputt! Was von den tastbaren Dingen bleibt noch übrig?

Tiefe Verzweiflung überfällt mich: Kann ich zwei Monate lang von den Briefen zehren? Mit dem Gefühl der Aussichtslosigkeit klage ich N mein Leid.

»Keine Bücher, kein Sender, was bleibt mir noch?«

»Du hast mich«, grinst er.

Es lag mir schon auf den Lippen, »du bist gar nichts«, zu sagen, aber ich konnte mich gerade noch bremsen.

»Das reicht mir aber nicht«, antworte ich. Wie kommt er dazu? Du hast mich. So ein Scherzkeks.

Kopfschmerz jagt immer noch durch meinen Kopf. Ob eine Orange hilft? Kaum zu glauben, aber wir haben Orangen! Ich lege mich ins Bett, für heute reicht es mir. Ich möchte in meine Traumwelt, weit weg von hier.

Ist das zu verstehen? Während ich mir die Zähne putzte, spielte ich an den Knöpfen des Senders herum und jetzt geht er wieder. Weiß Gott wie und warum, aber er funktioniert wieder. Ich konnte meine Mutter noch einmal sprechen und ihr erklären, daß das letzte Gespräch nicht durch einen hungrigen Eisbären beendet wurde. Aber jetzt muß ich schlafen, mein Kopf explodiert beinahe.

Es ist der 23. Dezember, der Tag vor Weihnachten. Es war ein schöner Tag, ich war glücklich. Ich habe nicht an die Bücher gedacht und auch nicht an Ragnar. Er beschäftigt mich in letzter Zeit nicht mehr so viel. Heute war ich nur im Hier und Jetzt. Ich habe Zeitung gelesen und Gedichte. Es gab Orangen, Buttermilch, Tomaten und Gurke, gelbe Rüben und Blumenkohl. Was kann man sich noch mehr wünschen? Nun, gestern sah das für mich noch anders aus.

Ich fürchte den morgigen Tag. Weihnachten wird in Norwegen ähnlich traditionell gefeiert wie in England. N spricht seit Wochen darüber und erwartet, daß ich das Fest genauso sehe. Gegen Traditionen bin ich eher allergisch, und außerdem stelle ich es mir schrecklich vor, hier einen ganzen Abend lang gezwungenermaßen auf festlich zu machen, nur weil zufällig Weihnachten ist. Toralf sagt uns morgen Bescheid, ob er sich mit dem Scooter für ein gemeinsames Weihnachtsessen auf den ungemütlichen Weg nach Austfjordneset begeben wird. Ich hoffe sehr, daß er kommt. Eine Diskussion zwischen einer sogenannten Greenpeace-Spionin und einem richtigen Pelzjäger bringt wenigstens Leben in die Bude.

Am nächsten Morgen weckt mich das Ofentürchen um halb neun zum ersten Mal. Verdammt, es ist noch so früh! Schnell wieder einschlafen. Es wäre doch schade, die Stunden, die sich so gut für Träume eignen, ungenutzt zu lassen. Und wenn ich jetzt aufstehe, dann dauert dieser heutige Tag für mein Empfinden zweimal so lang! Das klingt vielleicht nach Katzenjammer, aber es ist so.

Mein Kissen ist an der Wand festgefroren. Wo ist mein Traum? Dahin! Bitte einen neuen Traum! Genüßlich tauche ich ein in das Land meiner Phantasie, es gibt dort Freunde, Pferde, Schiffe, einfach alles.

Um halb drei Uhr nachmittags kann ich es nicht mehr länger hinausschieben und stehe auf. Fast triumphierend sitzt N auf seinem Stuhl, die Kaffeekanne in Reichweite, eine Zigarre in der Hand.

Auf dem Tisch sehe ich eine rote bestickte Tischdecke mit einem Kunst-Weihnachtsbaum darauf; überall Weihnachtsmänner, Kerzen, Kugeln und Girlanden. Was soll der Unsinn? Entschlossen hebe ich meine Bücher und Briefe auf, die auf dem Boden gelandet sind und lege sie wieder auf meine Hälfte des Tisches. Ich habe keine Lust darauf, den ganzen Tag ein rotes Tischtuch anzuglotzen.

Das ist mir zuviel. Es ist gemein. Toralf erklärt, daß er nicht kommt und jetzt gibt der Sender schon wieder den Geist auf! Es ist genau wie vorgestern: die eingehenden Signale werden zweimal umgeformt und nicht, wie es sein soll, nur einmal. Das hat zur Folge, daß man nichts mehr verstehen kann. Warum? Was hilft mir dieses unzuverlässige Ding? Was geht hier schief?

Also heute abend kein Besuch. Was bleibt von allen Dingen noch übrig? Gar nichts. Ich inmitten von nichts, darum kämpfend, als Person bestehen zu bleiben und mich nicht aufzulösen im Schleier einer leisen Nacht. Zurückgeworfen in die nackte, kalte Wirklichkeit ohne Kontakt zur Außenwelt – von der Innenwelt ganz zu schweigen – muß ich wieder einen Weg finden, mir und meinem Leben Gestalt zu geben. Ich könnte mich in der Küche ausleben und mich für das Weihnachtsessen engagieren.

Wäre es eine Idee, den Truthahn in Orangensaft zu marinieren? Wir haben genug Orangen und sollten sie genießen, bevor sie verderben. Daraus ergibt sich aber ein Problem: N findet, daß man an Weihnachten um sieben Uhr essen muß. Eine gute Marinade sollte aber mindestens vier Stunden ziehen. Ich erkläre ihm meinen Plan, er sieht mich mit hochgezogenen Augenbrauen an und entscheidet sich für meine Kochkünste und gegen die Sieben-Uhr-Tradition.

Der Tisch ist gedeckt: eine große Schale mit gebratenem Truthahn, Kartoffeln, Erbsen, Preiselbeeren und Salat. N erzählt, daß vor einigen Jahren der Hubschrauber wegen schlechten Wetters erst am Tag nach Weihnachten kommen konnte und der Tisch damals nicht annähernd so üppig gedeckt war wie heute. Eigentlich ist der Abend ganz gemütlich. Ich fühle nur einmal Beklemmung, als N ein Foto von uns beiden beim Weihnachtsessen machen möchte. Die fünf Sekunden, die der Selbstauslöser braucht, kann ich aber ein Lächeln halten.

Nach dem Essen packen wir Geschenke aus. Von Hans, einem Freund von N aus Longyearbyen bekomme ich ein Buch. Das ist ein Volltreffer! Ein paar Socken von Ns Eltern. Das ist natürlich ganz lieb, nur weiß ich nicht, was ich mit solch großen, grob gestrickten Socken anfangen soll. Ein großes Paket von Annette, der niederländischen Krankenschwester aus Longyearbyen. Sie ist einfach toll. Nüsse, französischer Käse, Schokolade, Pralinen, Champagner, Musik, Kerzen, Kerzenständer. Wie lieb ich versorgt werde!

Ich glaube, daß wir heute unseren neuen Getränkevorrat schwer dezimieren. N handelt aus der Überzeugung, daß jeglicher Alkohol, den man besitzt, am besten sofort getrunken werden sollte. Eine Flasche Cognac für achtzig Gulden kann man doch an einem Abend schaffen, und wenn man etwas früher anfängt, so wie heute, um halb drei, dann schafft man vielleicht zwei. Ich verachte an Norwegern, daß sie manchmal auch die teuersten Flaschen Spirituosen nur trinken, um betrunken zu werden. Deshalb habe ich hier lange Zeit fast nichts getrunken, aber heute schmeckt es mir gut und es schmeckt nach mehr.

Es ist seltsam mit N, wenn er etwas getrunken hat. Er wird nicht lustig oder fröhlich, auch nicht aggressiv, er sitzt nur stundenlang in seinem Stuhl, starrt vor sich hin und redet noch weniger als sonst, falls das überhaupt möglich ist. Es stört mich heute gar nicht, der Popsender Radio Luxemburg geht immerhin noch und mir geht es schließlich nicht schlecht.

»Ich fühle mich anhänglich wie ein Kätzchen, das gestreichelt werden will. Rudolf, wo bist Du? Ach, die alte Geschichte kommt wieder, ich habe sie Dir oft erzählt. Der Alkohol entfernt mich ein wenig von der Wirklichkeit, Dein Brief ist noch frisch im Gedächtnis. In solchen Momenten wird diese Geschichte wiederbelebt. Es handelt sich nicht mehr um eine reine Sehnsucht, es ist wie eine Köstlichkeit, die ich genieße. Hoffentlich werde ich nicht süchtig! Soll ich noch einmal erzählen?

… Du schläfst, mußt aber wach werden, langsam. Sanft streichle ich erst die eine Augenbraue, dann die andere, bewege meinen Finger zu dem Punkt zwischen Deinen Augenbrauen und lasse ihn über die Stirn bis zu den Haaren gleiten. Ein Küßchen auf die noch geschlossenen Augen, der Finger folgt nun Deiner Nase, dann Deinen zarten Lippen … Genug, ich beende die Geschichte hier, ich muß zu sehr über mich lachen.«

Am nächsten Morgen funktioniert der Sender wieder, aber in den folgenden Tagen nach Weihnachten beschließt er noch oft zu streiken und ebensooft, den Streik zu beenden. Ich grüble stundenlang, um den Chemie- und Physikstoff aus der Schule ins Gedächtnis zurückzurufen, was aber nur lückenhaft und mit Mühe gelingt. Ist der Antennenanschluß verantwortlich für das Problem? Wie war das doch mit Strom, Widerständen, Resonanz und so? Oder verursacht etwa der Akku die Störungen? Akkus können sulfatieren und liefern dann weniger Spannung, aber wie kommt es zum Sulfatieren? Und wie kann man es verhindern? Wenn das Paket mit den Fachbüchern doch gekommen wäre ...

Am 28. Dezember geht N allein auf eine zweitägige Tour. Er muß die Fuchsfallen kontrollieren, solange Vollmond ist. Ich darf nicht mitkommen, weiß aber nicht, ob das mit meinen mangelnden Skifahrkünsten zusammenhängt, oder ob er einfach mal allein sein möchte. Ich wäre gern dabei. Schließlich bin ich nicht hier, um meine Zeit ausschließlich in dieser Hütte zu verbringen, aber zwei Tage allein zu sein, finde ich auch attraktiv.

Als ich wach werde, ist er schon lange weg. Es ist kalt, der Ofen dürfte ausgegangen sein. Ich muß mir gut zureden, daß ich überhaupt aufstehe. Schnell einen Pullover überziehen, Zeitungspapier in den Ofen, Holzspäne darüber, dann ein paar Holzscheite, einen Schuß Petroleum und ein Streichholz hinein. Ein Blick auf das Thermometer sagt mir, daß es draußen noch achtunddreißig Grad unter Null sind, also schnell zurück ins Bett und warten, bis die Hütte etwas erwärmt ist.

N hat nur sechs Hunde mitgenommen. Auf meinen Wunsch hat er Kleine Wijde hiergelassen, damit ich nicht ganz allein bin – und als Wachhund wegen eventueller Eisbären. »Vielleicht bessere Gesellschaft als meine«, sagte er mit einem bitteren Lächeln. Die Vorstellung, daß ein Eisbär in die Hütte eindringt, während ich ahnungslos schlafe, verfolgt mich immer noch.

Nach dem Frühstück begrüße ich erst einmal die Hündin. Mir scheint, daß sie meine Gesellschaft bei weitem nicht so zu schätzen weiß, wie ich ihre. Sie heult wie eine wilde Wölfin und will nichts von mir wissen. Schlittenhunde mögen es gar nicht, wenn sie von einer Tour ausgeschlossen werden.

Es ist schönes Wetter, klarer Himmel und windstill. Jupiter ist zu sehen. Guten Morgen, Jupiter. Der Mond steht sehr hoch am Himmel und streut eine blaue Glut auf die verschneite Welt. Bevor ich anfange, Holz zu hacken, genieße ich still für mich diese Schönheit. Schöne Dinge machen mich glücklich.

Nach getaner Arbeit wasche ich mich ausgiebig im Spülbecken. Mit den Haaren fange ich an, zum Schluß gibt es ein Fußbad. Ich kann mir nichts Besseres denken, als auf der Bank zu kuscheln, Musik zu hören und die Füße in ein warmes Bad getaucht zu haben. So kann man es hier gut aushalten. Dennoch hoffe ich auf neue Projekte, auf Aktivitäten. Erst im März zu Ragnar? Im Sommer möchte ich am liebsten wieder auf der *Plancius* sein, es ist aber nicht sicher, ob ich als zusätzliches Mitglied der Besatzung an Bord genommen werden kann. Schön wäre es, weil fast alle von der Mannschaft des letzten Jahres wieder dabeisein werden. Oder sollte ich den englischen Geologen bei ihren Arbeiten behilflich sein?

Mein Fußbad kühlt schnell ab, ich fülle heißes Wasser nach.

Und was mache ich, wenn ich gar nicht zu Ragnar ziehen kann? Bei N bleiben bis die *Plancius* nach Spitzbergen kommt? Das wäre im Juni ... noch lange hin. Es wäre sicher phantastisch, könnte ich am 21. Juni in Longyearbyen an der Anlegestelle stehen, wenn das Schiff mit Rudolf an Bord einläuft.

Schluß damit, ich bin manchmal der Wirklichkeit sehr weit voraus. Weihnachten ist gerade vorüber, und ich beschäftige mich mit Dingen, die erst im Sommer geschehen werden. Unaufhörlich gehen mir die verschiedenen Pläne durch den Kopf, und ich steigere mich hinein in Phantasien über schöne Boote, Wiedersehensfreuden mit alten Bekannten und aufregende Begegnungen mit anderen Menschen. Egal wie oft ich mich selbst darauf hinweise, daß alles, was ich in Gedanken erlebe, frühestens in sechs Monaten wirklich stattfinden kann – das ist länger als die Zeit, die ich nun hier bin –, es nützt nichts. Es ist ein verrückter, idiotischer Gedankengang und ich frage mich, ob das gesund ist. Angenehm ist es jedenfalls. Während der letzten Tage habe ich mich gut und glücklich gefühlt. Haben meine Dauerphantasien über Freundschaften etwas damit zu tun? Oder kommt es, weil ich weiß, daß ich am 9. Januar Rudolf sprechen werde? Natürlich nur, wenn der Sender möchte.

Am Abend fällt mir ein, daß ich vergessen habe, den Wassertank nachzufüllen. Durch mein Wasserballett von heute nachmittag ist nicht mehr viel übrig. Ich müßte also noch einmal hinaus und einen Sack Schnee holen. Das ist normalerweise Ns Aufgabe, wie es meine Aufgabe ist, Holz zu hacken. Ich muß also selbst die bleischweren Säcke schleppen.

Zum zweiten Mal ziehe ich alle warmen Kleidungsstücke übereinander an. Ein unbehagliches Gefühl beschleicht mich. Der Schneehügel, in dem die Schaufel steckt, befindet sich in hundert Meter Entfernung von der Hütte. Wenn dort ein Bär herumläuft, würde Kleine Wijde ihn riechen? Ich kann sie nicht mitnehmen, denn sie würde alles daransetzen, ihren Freunden zu folgen. Es ist zwar unpraktisch, aber ich nehme zur Sicherheit die große Lampe und das Gewehr mit.

Bei jedem Schritt, der mich weiter von der Hütte entfernt, muß ich gegen meine zunehmende Angst vor dem lautlosen, unsichtbaren und menschenfressenden Bären ankämpfen. Es muß sein, es muß sein! Ich brauche den Schnee. Nicht nachgeben. Wenn ich jetzt meiner Angst gehorche und zurückgehe, bin ich verloren, ersticke ich in meiner Angst. Noch ein Schritt.

Hundert Meter sind bald zurückgelegt, es geschieht mir nichts! Ich schaufle einen halben Sack voll Schnee und gehe dann schnell zur Hütte zurück. Das beklemmende Gefühl ist geblieben.

Ich übernehme Ns tägliches Schwätzchen mit Toralf. Es ist das erste Mal, daß wir miteinander plaudern, seit er mich der Spionage beschuldigte. Ich lege ihm die Schwierigkeiten mit unserem Sendegerät dar, wobei wir den eingebauten Mikroprozessor ehrfürchtig als Walnuß bezeichnen, denn derart mächtige Dinge soll man nicht herausfordern, indem man sie beim Namen nennt. (Toralf liebt nämlich Walnüsse sehr, aber der Weihnachtsmann hatte sie vergessen.) Es fruchtet leider wenig. Nach einer Viertelstunde verabschiedet sich das Gerät wieder. Man gewöhnt sich daran. Ich reagiere nicht mehr so wütend und verzweifelt. Ich stehe wieder ganz am Anfang und habe nur mich selbst um durchzukommen. Noch zwölf Tage bis zum 9. Januar. Wird es gehen? Wird es nicht gehen?

Am nächsten Tag betritt N um sechs Uhr die Hütte. Ich habe ihn nicht kommen hören. Er sieht mich mit müden, niedergeschlagenen Augen an.

»Wie war deine Tour?«

Mühsam zieht er seine Handschuhe aus und wirft sie auf den Boden.

»Die Hunde sind weggelaufen«, sagt er verbissen.

»Und wo sind sie jetzt?« frage ich ihn, aber er zuckt nur die Schultern.

Es dauert eine Weile, bis mir bewußt wird, was geschehen ist. Er hatte in Fattøyhytta übernachtet, zwanzig Kilometer nördlich von hier. Als er heute morgen von dort aufbrach, ist er vom Schlitten gefallen und die Hunde gehorchten in ihrer Begeisterung seinen Befehlen nicht (das ist nun schon das zweite Mal, vielleicht stimmt etwas mit seiner Autorität nicht). Ein unbemannter Schlitten, der über buckliges Eis gezogen wird, fällt leicht um, und dann können die Hunde nicht weiter. Also mußte er nur mit der Taschenlampe der Spur folgen, bis er die Hunde wiederfinden würde, aber die Taschenlampe versagte und die Reservelampe war natürlich im Rucksack auf dem Schlitten. Er sah nichts mehr. Es war dunkelste Nacht. Die Schlittenspur hatte ihn zur Mitte des Fjords geführt, ein paar Kilometer von der Küste entfernt. Unter den immer schlechter werdenden Sichtverhältnissen hatte er große Mühe, den Weg zurück zur Hütte zu finden. In meinen Augen eine bewundernswerte Leistung.

Seit geraumer Zeit trinkt er Kaffee und sagt ziemlich wenig. Morgen möchte er mit Wijde die Hunde suchen gehen. Er vertraut darauf, sie irgendwo im Packeis zu finden. Ich stelle mir das gar nicht so einfach vor. Hoffentlich hat Wijde einen guten Riecher.

Auf die Mitteilung, daß das Sendegerät wieder kaputt ist, reagiert er kaum. Ich befürchte sogar, daß es jetzt definitiv kaputt ist, denn ich habe den Mikroprozessor neu eingestellt zu einem Zeitpunkt, als die eingehenden Signale gerade wieder zweimal umgeformt wurden. Eventuell ist diese Modulation nun im Mikroprozessor gespeichert? Meine Hoffnung schwindet. Ich habe keine Ahnung, was ich noch ausprobieren könnte.

Der nächste Morgen. Ich kann es kaum glauben, der Sender funktioniert wieder. Dieses Ding ist immer wieder für eine Überraschung gut.

Am Abend. Ich gebe es auf. Ich gebe es wirklich auf. Immer neue Rätsel. Um halb sechs habe ich zehn Minuten die niederländische Radiostation im Weltempfänger gehört und um zehn Minuten vor sieben wieder. Doch kurz darauf stürzt dieser eigenartige Apparat erneut ab, und ich habe nicht einmal gesendet!

Ich hatte mir als Erklärung zurechtgelegt, daß eine zu niedrige Spannung beim Senden die wahrscheinlichste Ursache der Probleme ist. Der Akku ist aber fast voll, der Generator läuft, ich höre nur zu und fasse das Gerät gar nicht an … Ich verstehe nichts mehr. Es bleibt mir nichts anderes übrig als zu warten, bis es wieder geht. Vielleicht. Ich wende mich dem Buch von Hans zu, möchte meine Gedanken auf etwas anderes lenken.

Es ist neun Uhr abends. N ist seit sieben Stunden mit Wijde weg. Das Ganze gefällt mir nicht. Der restliche Truthahn à l'orange brutzelt seit Stunden vor sich hin. Er sagte, es wären zwei Stunden bis zu der Stelle, an der er die Hunde zu finden glaubt. Wo ist er? Was ist geschehen?

Es sind minus neununddreißig Grad, ein leichter Wind weht, der Mond ist nicht da, aber Sterne sind zu sehen. Stundenlang auf Skiern durch Packeis gezogen zu werden von einer erregten Wijde kann kein Spaß sein. Vielleicht ist N, nachdem er die Hunde entdeckt hat, zur kleinen Hütte im Norden zurückgekehrt? Oder liegt er irgendwo mit gebrochenen Beinen, dem Erfrierungstod nahe? In *Allein auf der Welt* heißt es, man stirbt nicht an Unterkühlung, wenn man einen Hund bei sich hat, aber minus neununddreißig Grad ist sehr kalt und Wijde ist klein und mager. Warum zum Teufel wollte er kein Walkie-talkie mitnehmen? Trotz der Unberechenbarkeit unseres Sendegeräts werde ich versuchen, Kontakt zu Toralf zu bekommen und mit ihm vereinbaren, daß wir uns morgen im Laufe des Tages in jedem Fall sprechen werden. Sollte N dann noch nicht zurück sein, bin ich wenigstens nicht ganz allein. Das hilft.

Ich höre Fußstapfen, aber es ist nur das Klopfen meines eigenen Herzens.

Ich höre einen Hund heulen, aber es ist nur mein Magen, der sich vor Angst zusammenzieht.

Viertel nach zehn. Ich bezweifle, daß Toralf verstanden hat, daß ich gern die Sicherheit hätte, ihn morgen nachmittag erreichen zu können. Ich bin noch mehr allein. Der Wetterbericht war ungünstig: etwas wärmer, aber Wind der Stärke fünf aus Südost und Schnee, dazu schlechte Sicht.

Ich müßte eigentlich auf die Toilette, sitze aber wie festgenagelt auf der Bank. Durch zwei Türen hindurch zur dunklen Werkstatt, das bringe ich jetzt einfach nicht. Falls sich dort nicht schon ein richtiger Bär aufhält, dann werden sich die Exemplare aus meiner Phantasie bei dieser Kälte zweifelsohne zu alles verschlingenden Bestien verwandeln.

Wie gelähmt bleibe ich in der Ecke der Bank sitzen. Aus Verzweiflung versuche ich zu häkeln, aber es hilft mir nicht, nichts kann meine riesige Angst vor Bären, dem Tod und dem Alleinsein schmälern.

Ich habe wohl stundenlang so gesessen, denn die Uhr sagt halb vier, als ich mit zwei Gewehren bewaffnet den Mut fasse, mich ins Bett zu legen. Von Angst besessen – plötzlich verstehe ich, was damit gemeint ist.

Das Sendegerät ist nach wie vor kaputt, kein N.

Ich habe in den Abflußeimer gepinkelt.

Wie kommt es, daß es am Nachmittag genauso dunkel ist wie nachts, tagsüber aber alles freundlicher aussieht? Um Viertel vor drei kommt N zurück, er hat in Krosspynten, auf der anderen Seite des Fjords, übernachtet.

Er hat nichts gefunden. Wijdes Qualitäten als Suchhund scheinen eher mäßig zu sein, und es ist stockfinster. Wie findet man da ein paar Hunde im Packeis? Übermorgen versucht er es wieder, mit Krosspynten als Ausgangspunkt. Jetzt trinkt er Bier, raucht Zigarren und starrt vor sich hin. Würde ihm nicht rechtzeitig einfallen, daß er ein Mann ist, würde er heulen.

Plötzlich steht er auf, setzt sich neben mich und schlägt vor, Toralf zu bitten, den Hubschrauberkommandanten des Gouverneurs über unser Problem zu informieren, vielleicht kommen sie und helfen uns suchen. O ja, das ist eine gute Idee (heimlich denke ich dabei auch an mein Paket). Er wird wieder ein bißchen zutraulich, diesmal lasse ich ihn. Ein schwacher Trost. Gott sei Dank ist er zu müde, um mich erneut zu bitten.

Nach drei Tagen verschlechtert sich das Wetter stärker als angekündigt war: es stürmt und friert bei minus vierunddreißig Grad. N bleibt zu Hause; wir essen Waffeln und warten, während ein heftiger Schneesturm um die Hütte fegt. Ich verlasse die Hütte nur einmal, um Wijde zu füttern. Sie hebt den Kopf nicht, sondern bleibt zusammengerollt wie ein Ball unter einer Schneedecke liegen. Der Wind peitscht den Schnee zwei Meter in die Höhe und schneidet mir ins Gesicht; einmal kurz stehengeblieben und schon baut sich ein Schneehügel um meine Stiefel auf. Ich muß schnell zurück in die Hütte.

Manchmal unterhalten wir uns darüber, wie es wohl den Hunden ergehen könnte. Aus Langeweile und aus Hunger könnten sie anfangen, sich zu beißen und miteinander zu kämpfen, und wir wissen beide, daß sie bis zum Tod kämpfen können, wenn sie nicht getrennt werden. Welcher Hund würde das erste Opfer sein? Cantoe, der zähe Alte? Oder Troll, der so eingebildet ist und deswegen ohne Verbündete?

Inzwischen ist Silvester, aber Austfjordneset ist nicht in der Stimmung. Annettes Champagner bleibt verschlossen, es wird nicht geküßt.

Ich fühle mich leer. Die Frage, ob ich Rudolf werde sprechen können oder nicht, bringt mich nicht mehr aus der Fassung. Das Sendegerät ist wie das Wetter, es kommt, wie es kommt, und wenn nicht, dann nicht. Hunde oder keine Hunde, ich kann es nicht ändern. Ich registriere die Tatsachen, empfinde aber nichts dabei. Akzeptanz? Oder Gleichgültigkeit als Selbstschutzmaßmahme?

Die Frage inspiriert mich auch nicht mehr.

Ich lebe weiter mit dem, was da ist: viereinhalb Bücher, zwei Knäuel Wolle, hundertzwanzig leere Seiten Papier, ein Hund und sich nähernde Eisbären. Dazu ein Mann, der nichts versteht, und dann noch mich selbst zum Glücklichsein. »At night a candle's brighter than the sun«, singt Sting. Ich sollte nun schlafen gehen.

… sie sind zu zweit, eine Bärenmutter und ein kleiner Bär. Die große Bärin bringt dem Kleinen das Jagen bei. Ich bin viel zu nah und kann nicht mehr weg! Eigenartig, sie scheinen mich nicht zu bemerken. Ein ums andere Mal entkomme ich ihren Übungsangriffen. Aber dort ist noch einer! Und dieser sieht mich! Mein Magen zieht sich zusammen und ein Ton wie von einem heulenden Hund jagt durch meinen Bauch. Der Bär macht noch einen großen Satz und löst sich dann im Schnee auf. Wieder der heulende Hund und ein Kratzen an der Tür …

Ein Kratzen an der Tür. Troll! Komm schnell herein. Wie siehst du denn aus! Wo sind deine Freunde?

Ich wünschte, Troll könnte sprechen. Er darf den

ganzen Tag in der Hütte bleiben. Ich versorge seine Wunden, verabreiche ihm allerlei Leckerbissen und eine doppelte Portion Seehundfleisch, aber er hat mir nicht verraten können, wo der Schlitten festsitzt und wo die anderen Hunde sind. Er ist spindeldürr und er hat sichtbar gekämpft. Wie geht es seinen Freunden? Leben sie noch alle?

Ein paar Tage später bringt uns der Hubschrauber den Schneescooter, den Ragnar für uns gemietet hat. N hat nun die Suche mit dem Gerät wieder aufgenommen. Der Scooter besitzt einen starken Scheinwerfer und ich hoffe, N hat nun mehr Erfolg als bei der Suche mit Wijde.

Der Hubschrauber hatte auch das Paket von meinem Vater dabei: Bücher über Sendetechnik, Meteorologie und Material über elektronische Navigationsmittel. Dazu die Abzüge von meinem Film, eine dicke Hose und warme Socken, Kräutertee, Samen von Gartenkresse und einige verspätete Scherze vom Weihnachtsmann. Weiß Gott, warum das Paket einen Monat lang unterwegs war, ich bin froh, es endlich bekommen zu haben. Ein Problem ist damit auf alle Fälle gelöst: mit so viel Lesefutter und Aufgaben werde ich die kommenden sieben Wochen, in denen die Sonne noch wegbleiben wird, überdauern können. Die Fotos vom Herbst auf Austfjordneset sind hervorragend. Die schönsten sind vergrößert und stehen jetzt auf der Fensterbank. Ich bin stolz auf die schönen Bilder.

Heute morgen habe ich das Kapitel über Akkus in dem Buch über Sendetechnik gelesen und meine traurige Schlußfolgerung ist, daß unser Akku hoffnungslos veraltet ist und daß die zu geringe Spannung die Probleme mit dem Sender verursacht. Es handelt sich jedenfalls um wenig erfreuliche Überlegungen; ich fürchte, wir können jetzt nichts mehr machen.

Warm vermummt gehe ich zu Wijde und Troll und gebe ihnen Wasser. Es ist wieder kalt, minus siebenunddreißig Grad, etwas Wind und unbewölkt. Es sieht aus, als wäre die Welt nach dem Schneesturm der letzten Tage wieder zurückgekehrt: Die Berge, das Eis, überall findet ein tiefes Durchatmen und Ausruhen von der Gewalt des Sturms statt. Fast unhörbar tauschen die Sterne die letzten Neuigkeiten mit der Welt aus, die tagelang hinter einer dicken Wolkendecke verborgen war. Sie erzählen von fernen Landschaften und von Menschen, die denselben Himmel betrachten, aber nichts von weggelaufenen Hunden und weltfremden Pelzjägern wissen. Es bringt mich zum Lachen. Diese Probleme, die mein Leben wie eine dunkle Nacht beherrschen – wie relativ sie sind. Die Welt ist soviel größer.

Ich nehme Wijdes kleinen Kopf in meine Hände und schmuse mit ihr. Wenn sie eine Katze wäre, würde sie schnurren. Und ich auch. Ich singe leise ein Lied für sie und fühle mich glücklich.

Ruckartig hebt sie ihren Kopf in die Höhe und blickt angestrengt nach Norden. Was hört sie? Ich spähe in die dunkle Ferne, sehe gar nichts. Könnte es N sein? Ich höre nun auch das tiefe Brummen des Scootermotors, aber es ist nicht N, der als erster über den Hügel kommt und ausgelassen begrüßt wird. Ich nehme Wijde die Kette ab und voller Begeisterung rennt sie auf Knøtte und Skøyer zu. Ich erwarte, die anderen Hunde auch über den Hügel rennen zu sehen, aber sie sind nur zu zweit. Sie sehen gut aus; waren sie auf Rentierjagd? Skøyer hat das Hundegeschirr noch um, Knøtte dagegen nicht. Wie hat sie sich da bloß herausgewunden? Egal, Hauptsache, sie sind wieder da.

N sagt, er begegnete ihnen auf dem Rückweg. Die beiden Hunde waren einige Kilometer lang seiner Spur gefolgt und haben ihr Herrchen dann gefunden. Aber auch sie können uns nicht sagen, wo die anderen sind. Am liebsten möchte ich die Sterne anflehen – sie müssen die Hunde sehen können –, nur die weisen Lichtpunkte schweigen in allen Sprachen.

Ausführlich rede ich über die Hunde, meine Fotos und die Probleme mit dem Akku, doch N zuckt nur mit den Achseln und verbringt den ganzen Abend im Schlafzimmer. Ich spüre, daß er mir ausweicht. Er antwortet selten mehr als »Yeah«, manchmal wiederholt er auch nur meine Worte. Sogar, wenn ich ihn explizit nach seiner Meinung frage, kommt wenig aus ihm heraus. Ich hatte gehofft, daß ihn meine offene Haltung herausfordern würde, aber er zieht sich zurück, mehr denn je. Ich versuche, mich dadurch nicht stören zu lassen und denke mir: »Das ist nicht mein Problem, wenn du schlecht gelaunt bist, wenn du dich so von äußeren Dingen beeinflussen läßt – da stehe ich drüber!«

Einmal kommt er aus dem Schlafzimmer gehuscht, greift stöhnend nach der Whiskyflasche im Schrank und weg ist er. Wird mir kein Glas angeboten? Offensichtlich nicht. Ein neuer Tiefpunkt in unserem Zusammensein. Sogar das Friede-Freude-Eierkuchen-Spiel spielen wir nicht mehr.

Bevor N am nächsten Morgen losfährt, um seine Suchaktion per Scooter fortzusetzen, schlage ich vor, die Antenne des kleineren Senders mit wesentlich kleinerem Sendebereich neu anzuschließen, damit wir wenigstens Kontakt zu Toralf halten können. Ich sehe schwarz für die Zukunft des neuen Sendegeräts. Er findet die Idee gut und klettert mit einer Anschlußplatte und einem Schraubenzieher auf das Dach.

Der fast täglich stattfindende Plausch mit Toralf beinhaltet kaum mehr als Themen wie das Wetter und die Fuchsjagd, aber er hat eine wichtige soziale Funktion. Sollte Toralf ohne Ankündigung mehrere Tage nichts von uns hören, wird er sich fragen, ob etwas geschehen ist und die Hubschrauberpiloten alarmieren.

Ich schließe das alte Sendegerät an den Akku an, als N gerade wieder vom Dach herunterkommt und sich fluchend vor den Ofen stellt um seine Finger aufzutauen.

»Zu kalt«, jammert er und fügt noch etwas Norwegisches hinzu.

Das Metall der Anschlußplatte wird draußen so kalt, daß man es praktisch nicht mehr anfassen kann. Ich bemühe mich, das Fluchen zu überhören und spreche ihm ermunternd zu, allerdings ohne Wirkung. Gewärmt durch eine Tasse mit heißem Tee, aber immer noch mit diesem harten, bösen Blick in den Augen, unternimmt er einen zweiten Versuch. Nach wenigen Minuten kommt er zurück und die Anschlußplatte wird wütend auf den Tisch geworfen. Die Verbindungsschraube ist abgebrochen ... Das war unser letztes Kommunikationsmittel, wenn man davon ausgeht, daß der neue Sender kaputt ist, und er fand einfach nicht die Ruhe, die Installation mit gesundem Menschenverstand vorzunehmen. Nein, wenn etwas nicht sofort geht, muß es eben mit Gewalt probiert werden. So ein Idiot!

Ich wäre nie freiwillig auf Austfjordneset geblieben, ohne die Kontaktmöglichkeit zur Außenwelt zu haben. Das Risiko, von einem Eisbären halb verzehrt langsam zu Tode zu kommen, ohne die Möglichkeit von einem Hubschrauber geholt zu werden, fand ich immer schon unakzeptabel, und jetzt bin ich in so einer Situation. Rudolf anrufen ist reiner Luxus, aber hier geht es um meine Sicherheit. Nichts und niemand wird mir noch helfen können, wenn diesem Waschlappen noch mehr Scherze dieser Art einfallen. Nichts, worauf ich mich verlassen kann – ganz gewiß nicht auf N –, höchstens auf mich selbst. Aber wer bin ich schon? Ein neunzehnjähriges Mädchen, das oft glaubt, alles besser zu wissen. Was weiß ich schon? Die Verantwortung für mein eigenes Leben wiegt plötzlich schwer.

Ich schlage vor, daß er ein neues Sendegerät kauft, aber er meint, er habe kein Geld. In meinen Augen besitzt ein Sendegerät höchste Priorität, in seinen Augen nicht. Es wird schon weitergehen, ich hoffe, daß das Licht sich beeilt und die Bären bummeln.

Erst am zehnten Tag nachdem die Hunde Reißaus genommen haben, tauchen während einer von Ns unzähligen Suchfahrten durch die Packeisfelder plötzlich drei treue Augenpaare vor ihm auf. Bamse und Cantoe tanzen vor Freude und begrüßen ihr Herrchen mit ausgelassenem Gebelle – endlich, da ist er wieder! Aber Chiko liegt unter dem Schlitten, er gibt nur leise Töne von sich und kann sich nicht aufrichten. Was ist mit ihm geschehen? N befreit ihn aus seiner mißlichen Lage, aber er steht immer noch nicht auf. Das arme Tier schreit bei jeder Berührung auf. Hat er gekämpft? Hat er sich etwas gebrochen oder hat er vielleicht Prellungen? Auf den Schlitten gebunden, bringt N ihn, sehr vorsichtig durch das Eis manövrierend, nach Hause zurück.

Der schöne große Hund,
wie ein bebendes Häufchen Elend
unter dem Tisch.

Langsam weint er
dicke, schmutzige Tränen, als das Eis,
festgeklebt in seinem Fell, schmilzt.
In seinen tiefen, trüben Augen
suche ich
nach Wiedererkennung.
Sie sagen aber nichts,

einzig Leere,
gewissermaßen Vorboten des Todes.
Sein Kopf zittert in meinen Händen
beim mühsamen Atmen.
Die großen Pfoten unbeholfen
um sich herum.

Als fühle er sich nicht mehr zu Hause
in diesem Körper, der nach
Verletzung und Verzweiflung stinkt.
Als wäre er lieber tot.
Und ich, ich wollte, ich
wäre seine Mutter.

N vermutet, daß er sich während des Schneesturms um Silvester nicht zusammenrollen konnte, weil er unter dem Schlitten eingeklemmt war.

Seine Achseln, der Penis und die Hoden sowie Teile seines Bauches sind wahrscheinlich gefroren gewesen, diese Körperpartien sind jetzt schwarz und faulen. Vermutlich hat er sich auch ein paar Rippen geprellt, denn das Atmen fällt ihm schwer. Manchmal steht er auf und dreht sich dann mit Schmerzen zehnmal im Kreis bis er sich wieder legen kann. Ich koche ihm Haferschleim, aber er will nichts fressen.

Nur das bißchen Wasser, das ich ihm mit einer Flasche verabreiche, kann er schlucken. Der schöne, große Hund ... Vor Schmerzen hat er die ganze Nacht gejault. Was können wir für ihn tun? Ich habe zwar eine umfangreiche Hausapotheke vom Arzt auf der *Plancius* bekommen, aber es handelt sich hauptsächlich um Schmerzmittel; davon wird er nicht gesund werden und ich wüßte bei Gott nicht, wieviel ich ihm geben sollte.

Die ganze Hütte stinkt nach Tod und Fäulnis. Auch der Duft des frischgebackenen Brotes kann den Gestank nicht verdrängen. Mit Schwierigkeiten steht er auf, will pinkeln, aber es geht nicht. Leise wimmernd dreht er Kreise und legt sich wieder. Ich sitze auf der Bank, sehe sein Leid und fühle mich machtlos. Als er liegt, knie ich mich neben ihn und streichle ihn. Von weit weg sieht er mich mit entsetzten Augen an. Es kann so nicht weitergehen. Das einzige, was wir für ihn tun können, ist ihn schnell sterben lassen.

N trägt ihn in seinen Armen hinaus. Die anderen Hunde blicken uns fragend an, sagen aber nichts. Hinter der Hütte legt N ihn auf den Boden. Zum letzten Mal nehme ich seinen Kopf in meine Hände, und zum ersten Mal, seit er wieder da ist, erkenne ich an seinem Blick Chiko wieder. In seinen warmen, braunen Augen spiegelt sich das gesamte Leben. Verdammt, warum muß er mich jetzt so ansehen? Ich rede ohne Worte zu ihm über den Tod, daß sein Leben bald vorbei sein wird und er nach Hause gehen wird. N streichelt ihn noch einmal und wir gehen zusammen von ihm weg. Er lädt das Gewehr und löst schnell einen Schuß. Was einmal Chiko war, läßt den Kopf auf das kalte Eis fallen und ist tot. Ich suche am Himmel Jupiter und glaube, daß Chiko bei ihm ist. Das ist gut.

Schweigend kocht N Kaffee. Wie gern hätte ich mit ihm über diese Begegnung mit dem Tod gesprochen. Mir scheint, er hat eine hohe Mauer um sich aufgebaut. Sicher, Leben und Tod sind hier, mehr als anderswo, alltäglich. Aber ein Hund ist einer von wenigen Freunden … Fühlt er dabei nichts? Ich hätte ihn fragen wollen, ob er sich Vorwürfe macht, aber er würde nicht eingehen auf so eine konfrontierende Frage, die plötzlich vor ihm steht.

Nein, ohne Worte darüber zu verlieren, geht das Leben einfach weiter. Die anderen Hunde wollen fressen und betteln um Aufmerksamkeit.

Heute ist der 9. Januar, der Tag, an dem ich Rudolf anrufen soll. Gestern bestand noch die Hoffnung, daß es gelingen würde; das Sendegerät zeigte sich, zumindest kurz, von seiner guten Seite. Heute morgen ist alles wieder dahin. Gestern machte ich den Versuch, das Sendegerät an den Akku des Schneescooters anzuschließen, aber das Flüssigkeitsniveau in diesem Akku lag weit unter dem Ende der Bleiplatten. Damit war also wenig anzufangen. N wollte den Akku mit der Flüssigkeit aus dem anderen Akku nachfüllen. Warum muß ich wieder diejenige sein, die weiß, daß man einen Akku nur mit destilliertem Wasser nachfüllen darf? Warum fällt ihm nie selbst das Richtige ein? Sein Unwissen auf so vielen Gebieten hängt mir zum Hals raus. Und ich wollte etwas von ihm lernen!

Ragnar, bitte, schreib mir, daß ich in Kürze zu dir kommen kann. Bringe mir alles Wissenswerte über den Beruf des Pelzjägers bei und zeige mir, daß du mich verstehst, damit ich in vollen Zügen dieses Leben genießen kann.

Am Abend nehme ich mir die Freiheit, jede halbe Stunde auszuprobieren, ob das Sendegerät einsatzbereit ist oder nicht; ansonsten sitze ich unglücklich in der Ecke auf der Bank und knabbere an den Fingernägeln. Ob

Rudolf neben dem Telefon wartet? Nachts um ein Uhr gebe ich es auf; das Gerät will nicht. Mein lieber Freund ist und bleibt weit weg. Desillusioniert gehe ich ins Bett, daran habe ich mich aber schon gewöhnt. Wie oft habe ich nun schon solche Probleme ganz allein gelöst? Lang lebe die Phantasie! Zum x-ten Mal hülle ich mich in einen *Plancius*-Traum ein. Ich stehe am Kai von Longyearbyen, und das schöne weiße Schiff läuft in den Hafen ein. Mit einem breiten Grinsen stehe ich in der Sonne. Ich erkenne Rudolf auf dem Vorderdeck. Er winkt. Das Schiff kommt langsam näher, ich tanze vor Glück und kann gar nicht mehr aufhören. Sie werfen eine Leine aus und mit großen Zügen ziehe ich die schwere Trosse an Land und werfe sie um einen Poller. Ich hebe meinen Blick, sehe, wie Rudolf über die Reling springt und renne auf ihn zu. Wir umarmen uns und sind für einen Moment dieser Welt entrückt. Mein Leben besteht nur noch aus seinen Armen und einem Kuß.

Stöhnend wälze ich mich im Bett auf die andere Seite.

Nach einer unruhigen, kalten Nacht werde ich am nächsten Morgen früh durch den Geruch von Pfannkuchen geweckt. N hat sich wohl einfallen lassen, daß das ein geeignetes Frühstück ist, und es kommt ihm nicht in den Sinn, daß der Gestank durch den Vorhang in mein Schlafzimmer zieht. Ich bin jetzt zu genervt, um weiterzuschlafen, stehe auf und lasse ihn deutlich merken, daß ich es nicht besonders schätze, so geweckt zu werden. Was denkt er sich bloß? Mein Schlaf ist das einzige, was nur mir gehört. Den darf er nicht stören! Schmollend esse ich ein Schälchen Müsli. N verschlingt den letzen Pfannkuchen mit zwei Bissen (oh, wie ödet der Kerl mich an!) und zündet sich eine Zigarre an …

Ob es ihn stört, daß ich esse, während er raucht?

»Ungehobeltes Tier!«

Das versteht er nicht, aber er weiß ganz genau, was ich meine. Mit gequälter Miene nimmt er erst noch einen tiefen Zug und macht dann die Zigarre aus. Er denkt lange nach und entgegnet mir dann bissig, daß er ja wohl nur ein neues Sendegerät anschaffen soll, damit ich mit dem Gefühl der Sicherheit die Rückkehr der Sonne abwarten kann. Ich antworte nicht, mein Ärger bleibt.

In der Hoffnung, daß die frische Luft mir guttun wird, gehe ich hinaus. Knøtte trinkt gierig Wasser aus dem Eimer, die anderen Hunde weisen mich lautstark darauf hin, daß auch sie Aufmerksamkeit wollen. Nur Chiko ist still, seine Ecke ist leer. Wo ist Jupiter? Automatisch blicke ich zum Himmel. Aber dort, über den Gletschern im Süden, bilde ich mir das nur ein oder ist die Dunkelheit der Nacht heute tatsächlich weniger schwarz? Könnte es sein, daß …? Jetzt schon?

Voller Erstaunen betrachte ich die fahle Dämmerung. Das ist eine Überraschung, ich hatte die ersten Anzeichen der Sonne erst Ende Januar erwartet. Die Entdeckung hellt meine Stimmung auf, singend gehe ich Holz hacken. Man könnte sich fragen, warum das Holz genau an der Seite der Hütte gestapelt liegt, an der der Wind den Schnee zu einem großen Haufen aufgetürmt hat. Ich werde mich mit solchen Fragen nun nicht auseinandersetzen, der Winter ist schließlich fast vorbei. Tatendurstig mache ich mich daran, den Schnee wegzuschaufeln. Schon bald sind meine Finger sehr kalt und ich mache mit einem Beil weiter. Plötzlich stoße ich auf etwas Hartes, das sich nicht wie Holz anhört. Glasscherben fallen klirrend zu Boden. Tja, woher hätte ich wissen sollen, daß unter dem Schnee die Fensterscheibe der Werkstatt versteckt war?

N läßt ein »Hmhm« vernehmen, als ich ihm von dem Mißgeschick erzähle. Auch gut. Ich dichte das Loch mit

Plastikfolie und Holz ab, bis N eine neue Scheibe aus Longyearbyen bringen lassen kann. Schon mal versucht, bei minus dreißig Grad Nägel in einen Fensterrahmen zu schlagen? Nichts ist unmöglich.

Als ich wieder in die Hütte komme, scheint Ns schlechte Laune auch vorüber zu sein, er fragt mich, ob ich Lust hätte, mit ihm auf dem Schneescooter zu fahren. Ja, das will ich durchaus. Als Hundeliebhaberin verachte ich natürlich dieses moderne Transportmittel, aber aufregend ist es. N läßt den Motor an und fährt vor die Hütte. Ich steige auf, aber wo soll ich meine Arme lassen? Ich könnte sie natürlich um die Taille des Fahrers legen, doch dazu habe ich keine Lust. Also lege ich sie auf meinen Schoß und bemühe mich, N nicht zu berühren, was auf holprigem Untergrund und bei höherer Geschwindigkeit sehr schwierig wird. Mein Gott, geht das Ding schnell und es produziert einen höllischen Lärm!

Auf dem Rückweg darf ich auch einmal fahren. Dreißig Stundenkilometer erscheint mir fürs erste schnell genug. Es ist an sich nicht schwierig, aber was mache ich mit all den Buckeln? Ausweichen oder darüber hinweg fahren? Der Gashebel gibt durch den Handschuh hindurch zuviel Kälte an meinen Daumen ab.

Nach dem Abendessen widme ich mich dem Abendstudium Sendetechnik. Ich bin inzwischen mit der Funktionsweise eines Sendegeräts vertraut und kenne die Regelungen und Vorschriften, die eingehalten werden müssen. Offiziell muß man erst eine Prüfung ablegen, bevor man ein Sendegerät bedienen darf, aber Radio Svalbard macht für die Pelzjäger eine Ausnahme. Das Kapitel über das Telex verstehe ich ehrlich gesagt noch relativ schlecht. Es tut aber gut, meine grauen Hirnzellen in Bewegung zu bringen.

N zieht sich aus und läuft in seiner Unterhose – unästhetisch, fahl und viel zu groß – durch die Hütte, um sein Shampoo zu holen und das Abspülbecken zu füllen. Ich versuche, ihn nicht anzusehen, der Anblick seines Körpers widert mich an. Ein Rücken voller Pickel, fettige Haare und er stinkt. Er gibt Grunzlaute von sich während er sich mit dem Waschlappen, der seit Monaten kein Körnchen Waschpulver gesehen hat, wäscht. Bah! Äh! Nach dem Waschen setzt er sich in ordinärer Haltung hin und legt die Füße auf den Tisch. Unaufhörlich kratzt er sich am Kopf und nimmt schließlich sogar die Bürste zu Hilfe. Meine Aufmerksamkeit gilt so konzentriert wie möglich dem Warum und Wie von Telexverbindungen.

Er schnappt sich eine Schere und fragt mich, ob ich seine Haare schneiden könnte.

O nein, bitte das nicht. Wenn ich selbst zum Friseur gehe, empfinde ich das als etwas durchaus Intimes. Und ich soll ihm die Haare schneiden?

»Das kann ich nicht«, sage ich kurz angebunden und lese in meinem Buch weiter.

»Natürlich kannst du das.«

»Nein, ich kann nicht.«

»Jeder kann mit einer … Schere umgehen!« entgegnet er resolut. Sein Ton deutet auf eine fanatische Haltung hin: Dieses Mal würde er seinen Willen durchsetzen.

Ich fürchte, es ist an der Zeit, meine Abscheu zu überwinden. Ich finde es eklig, mache es dann aber trotzdem: schnell, ohne Feingefühl und mit den Zähnen fest aufeinander. Es sieht am Ende scheußlich aus, aber er ist zufrieden. Mir läuft eine Gänsehaut über den Rücken.

Jeden Tag wird es etwas heller. Ich habe nie gewußt, wie schön Dunkelblau sein kann. Ich genieße es, werde aber sehr ungeduldig. Das Licht hält mich zum Narren. Da jetzt um die Mittagszeit Dämmerlicht herrscht, halte ich den Winter für ausgestanden und erwarte den Sommer. Vorüber die Einsamkeit, zu Ende die Zeit mit dem Pelzjäger, von dem ich nichts habe. Noch sechseinhalb Wochen bis Anfang März, bis zu Ragnars Ankunft. Und sechs ist beinahe fünf und fünf irgendwie fast vier. Das klingt doch besser als eineinhalb Monate, oder? Ja klar, nur ein Trick, aber er funktioniert.

N ist wieder mit den Hunden unterwegs, um seine Fuchsfallen zu kontrollieren. Die Hunde haben eine Woche gutes Futter bekommen und jetzt dürfen sie wieder an die Arbeit. Ich bin tatsächlich schon um zehn Uhr aufgestanden und habe ihm geholfen, den Schlitten vorzubereiten und die Hunde einzuspannen. Die Hunde waren wild und wollten nicht liegenbleiben, sie sind manchmal einfach schwer zu bändigen. Jedenfalls hatten sie Lust auf den Ausflug. Es schien sie nicht zu stören, daß ich die siebte Zugleine vom Schlitten entfernte und daß Chiko nicht mehr dabei war.

Es ist bewölkt, ich werde den Tag zu Hause verbringen. Verwöhnt durch das schöne, klare Wetter der letzten Wochen? Ich lege eine Kassette ein, die ich von Annette zu Weihnachten bekommen habe, mache frischen Tee und vergrabe mich in meiner Ecke mit einem Stapel niederländischer Zeitungen vom letzten Monat. Nachrichten interessieren mich nicht so, aber ich genieße die Artikel auf den anderen Seiten. Darin finde ich die Welt jener Menschen widergespiegelt, die sich aktiv mit dem Leben auf dieser Erde auseinandersetzen und eigene Gedanken dazu entwickeln. Das ist etwas, was mir hier nicht so häufig zuteil wird.

Die zweite Seite der Kassette beginnt mit einem anregenden, swingenden Lied. Tanzen, ich will tanzen. Die Lautstärke wird voll aufgedreht. Mit geschlossenen Augen stehe ich vor dem Ofen und lasse mich forttragen von der Musik. Laut singe ich den Refrain mit.

Erschöpft falle ich nach ein paar Songs auf die Bank. Das Leben ist doch gar nicht schlecht, solange ich noch so tanzen kann. Dann widme ich mich in der Samstagsausgabe den Anzeigen in der Rubrik Ehe/Freundschaft. Ich lese jede einzelne und muß über mich selbst sehr lachen.

Gegen Ende des Nachmittags, als es schon wieder dunkel ist, kommt N mit den Hunden zurück. Schnell ziehe ich Stiefel und Jacke an und gehe hinaus. Erschöpft holt er die Sachen vom Schlitten. Ich schaue ihm zu. Soll ich ihm helfen? Er sagt nichts.

»Wie war deine Tour?«

Keine Antwort, auch kein Achselzucken, obwohl diese Geste mit zum Wichtigsten in seinem Vokabular gehört. Ich lege die Hunde an die Kette und grüble, was wohl passiert sein könnte, warte aber zunächst mal ab.

In der Hütte zieht er das Köderstöckchen von einer Fuchsfalle aus seinem Rucksack. Mit mißbilligender Miene betrachtet er das breite Ende. Abdrücke von kleinen Zähnen – Fuchszähnen – sind darauf zu sehen. Auch das nächste Stöckchen, das er aus seiner Tasche holt, ist angeknabbert.

»Was stimmt nicht?«

Widerwillig fängt er langsam zu erzählen an. Alle Fallen an der nördlichen Seite des Fjords waren zugeklappt, aber alle waren leer, die Stöckchen mit dem Köder lagen nicht unter der Falle, sondern in circa einem Meter Entfernung neben der Falle. Der Köder war jeweils gefressen. N vermutet, daß ein ganz schlauer Fuchs nicht – wie er eigentlich soll – direkt auf den Köder zugelaufen ist, sondern irgendwie die Funktionsweise der Falle verstanden hat: Man nehme das Ende eines Stöckchens mit Köder ins Maul und ziehe es blitzschnell unter der Falle weg. Die Falle klappt zusammen und man hat als Fuchs Gelegenheit, in aller Ruhe ein Stückchen Schneehuhn zu verzehren. Mit dieser Vorgehensweise hat er die ganze Reihe von Fallen, verteilt auf ungefähr zehn Kilometer, leergeräubert. Ich finde das beachtlich! Es ist eine Leistung, daß das Tier einen Trick angewendet hat. N kann diese Erkenntnis gar nicht schätzen. Er ist verärgert. Er kann es einfach nicht ertragen, daß so ein blöder Fuchs sein System unterwandert und ihm die Wurst vom Brot klaut.

Ich mische mich, wenn es um die Fuchsjagd geht, kaum ein. Nur manchmal begleite ich N auf seinen Touren entlang der Fallen, weil ich gern mehr sehen möchte als nur diese Holzhütte, aber bei mir kommt wenig Begeisterung auf, wenn er wieder ein Tier gefangen hat. Ich freue mich aber für N, denn er muß schließlich davon leben. Die weichen weißen Felle bringen ihm etwa 300 Gulden pro Stück ein. Mit seinen bisherigen Erfolgen kommt er nur auf 4.500 Gulden Jahreseinkommen. Wegen der Einnahmen lohnt es sich also nicht. Ich weiß immer noch nicht genau, was ich von der Pelzjagd halten soll. An Weihnachten erhielt ich einen Brief von einem Freund, der entsetzt war, daß ich meine Zeit mit einem Pelzjäger verbringe und der die Pelzjagd verwerflich findet. Was soll ich ihm antworten? Ich fühle kein Bedürfnis, mich für meine Zeit auf Austfjordneset zu rechtfertigen. Außerdem bin ich aus anderen Gründen, und schließlich nicht für die Fuchsjagd hier. Was N macht, muß er selber entscheiden. Ich sehe ihn wie eine Art Eskimo, wie jemanden, der gern in der Natur lebt und sich einen kärglichen Lohn verdient mit dem, was er hier und da aufstöbert. Aber wie steht es um das Tragen von Pelzen im allgemeinen? Wie denke ich darüber? Pelze werden oft als Luxusartikel gesehen, als etwas, das ein Mensch absolut nicht braucht. Sicher ist das richtig, nur was ist dann vom Fleischverzehr zu halten oder von Lederschuhen? Ist das nicht auch Luxus? Oder die Möglichkeit, unser Leben zu verlängern mit Hilfe von Methoden und Medikamenten, die an Versuchstieren getestet wurden? Wie konsequent muß man sein? Luxus scheint ein komplizierter Begriff zu sein, dessen Wert veränderlich ist. Wie definiert sich also Luxus?

Ganz von diesem Thema eingenommen, mache ich mich in meiner Mini-Bibliothek auf die Suche. Der Amerikaner Dan Hofstadter bietet mir in seinem Buch *Gödel, Escher, Bach* einige Definitionen des Begriffs Intelligenz an. Dasselbe Thema beleuchtet der französische Wissenschaftler Henri Laborit auf neurologischer Ebene in seinem Artikel in *Intermediair* vom 18.11.1988. Nach stundenlanger spielerischer Auseinandersetzung mit diversen Ideen, Begriffen, Definitionen, entscheide ich mich für die folgende Antwort an meinen Anti-Pelzjagd-Freund:

»Zu Beginn ein Blick auf den Unterschied zwischen Mensch und Tier. Meist wird angeführt, daß der Mensch intelligent(er) ist. Was ist Intelligenz? Laborit sagt, der Mensch unterscheide sich vom Tier nur durch den Umfang und die Funktion der Hirnrinde, die mittels Assoziationen neue Information schafft. Auch Hofstadter bezeichnet das Vorstellungsvermögen und die Kreativität als zwei Parameter für die Intelligenz. Diese Eigenschaften ermöglichen es also dem Menschen, sich in einer bestimmten Situation etwas Besseres, Schöneres oder Komfortableres zu schaffen.

Hier erscheint der Begriff Luxus. Denn auch ohne

dieses Bessere, Schönere oder Komfortablere könnten wir überleben. Wir suchen aber immer weiter nach einer Steigerung. Hier ziehe ich die Schlußfolgerung, daß, wenn Intelligenz, also Vorstellungsvermögen und Kreativität, dem Menschen eigen ist, dann ist auch Luxus dem Menschen eigen. Ohne Streben nach Luxus wäre der Mensch nie das geworden, was er ist.

Ist aber deswegen alles erlaubt, weil dieses Streben nach Luxus unvermeidlich zum Menschsein gehört? Darf der Mensch sich ungehindert ausleben? Nein! Nein, so einfach ist das nicht. Der Mensch darf auf keinen Fall anderen Menschen schaden. Wo liegt da die Grenze?

Neben der Intelligenz besitzt der Mensch auch ein nicht zu unterschätzendes Ego. So besteht das Risiko, daß die Kreativität nur genutzt wird, um dem Ego zu Diensten zu sein, als Mittel sozusagen, um das Ego zu streicheln und es zu bestätigen. Fängt hier das Problem an? Vielleicht könnte man sagen, daß Luxus in unserem Leben berechtigt ist, daß wir uns aber bewußt machen müssen, warum wir glauben, diese Luxusartikel zu benötigen und wie wir mit dem Luxus umzugehen gedenken.

Noch einmal zusammengefaßt: Ein Mensch besitzt Intelligenz und damit die Fähigkeit, weiterzublicken als sein Instinkt es zuließe. Darüber hinaus verfügt er über die Fähigkeit, sich Dinge vorzustellen, die über seine momentane Wirklichkeit hinausgehen. Er kann Herausforderungen erkennen und er kann seine Kreativität einsetzen, um diese Herausforderungen anzunehmen. Das ist sehr positiv. Aber unter bestimmten Umständen kann es passieren, daß dieses System auch zur Bestätigung des eigenen Egos eingesetzt wird. Hier kann es schieflaufen, glaube ich. Wir Menschen sind schlau, müssen aber noch lernen, damit umzugehen. Ich fürchte, daß nur die wenigsten Leute auf unserer Welt einen klaren, gesunden Geist besitzen. Wer kann das schon von sich behaupten? Das Problem besteht auch darin, daß wir uns oft nicht bewußt sind, wie wichtig die Rolle der Bestätigung im Entscheidungsprozeß ist. Wie viele Menschen verstehen tatsächlich, warum sie tun, was sie tun?

Laborit: ›Freiheit ist eine Wahnvorstellung. Wie können wir eine freie Entscheidung treffen, wenn wir uns der Motive, die zu der Entscheidung führen, nicht bewußt sind und wenn wir den primitiven Antrieb und die Impulse, die uns zu Handlungen bewegen, nicht kennen (...) Ihre Motive sind die Motive aller Menschen: das Bedürfnis, geachtet und bewundert zu werden.‹ Laborit sieht nur noch die Möglichkeit, unser Wissen über die physiologisch-chemischen Grundlagen unseres Verhaltens zu vertiefen. Erst dann würde es uns gelingen, uns zu kontrollieren und unsere Angst und unsere Aggressivität zu überwinden.

Ich glaube aber nicht, daß ich erst wissen muß, wie meine Neuronen beeinflußt werden und wie sie reagieren, um dahinter zu kommen, welche Motive für meine Entscheidungen verantwortlich sind, und um mit dieser Erkenntnis in Freiheit leben zu können. Es mag wohl ein Weg sein, aber das geht auch leichter, glaube ich. Hierher gehört wieder meine Geschichte über den Mut, ehrlich zu sich selbst zu sein, und daß man sich selbst und seine Beweggründe kennen muß. Das gelingt nicht auf Anhieb, aber Stück für Stück kann man es umsetzen.«

Stöhn, das ist aber ein ausführlicher Brief geworden, meine Hände zittern und schwitzen vom schnellen Schreiben. Schade, daß es Wochen dauern wird, bevor jemand das liest und dann weitere Wochen bis ich Antwort erhalte, wenn ich eine erhalte. Ich kann meine Gedanken, Zweifel und Überlegungen nur mir selbst vorlegen. Ich bin meine eigene Zuhörerin, meine eigene Zuschauerin.

Die Dämmerung wird immer heller und breitet sich Tag um Tag ein Stück weiter Richtung Norden aus. Wie ein Kreuzzug des Lichts, der den Himmel immer mehr in Besitz nimmt. Wenn ich mir vorstelle, daß der ganze Himmel bald wieder hellblau sein wird … Der Gedanke zaubert ein Lächeln auf mein Gesicht, obwohl ich kaum glauben kann, was ich denke. Ich versuche wieder früh aufzustehen, um dem Fortgang dieses Geschehens richtig zu folgen. Licht vereinfacht und erleichtert das Leben. Der März nähert sich spürbar.

Manchmal glaube ich, ich kann es nicht mehr erwarten und mache, wenn ich abends im Bett liege, tausend Pläne für künftige Unternehmungen. Diese nächtliche Aktivität kommt allerdings meinem Morgenprogramm nicht zugute.

Eines Morgens ist der Himmel zum ersten Mal rot gefärbt und ich laufe begeistert zurück, um es N zu erzählen.

»Hmhm.«

»Das ist nicht ›hmhm‹, sondern wunderschön und ganz toll«, sage ich in der Hoffnung, ihn aus der Reserve zu locken.

»Yeah«, lautet die gelangweilte Antwort.

Nun ja, seine Sache. Aber warum bremst er mich so, wenn ich versuche, ein wenig Atmosphäre zu schaffen. Ach was, vergiß es. Ich gehe doch weg.

Um zehn Uhr schaltet N das Sendegerät ein und versucht ein Gespräch zwischen Toralf und einem Sendeamateur in Longyearbyen aufzuschnappen. Die Lautstärke ist gut, aber das Gespräch kommt nur sehr undeutlich durch. Ich frage mich, wieviel er überhaupt verstehen kann. Plötzlich wird seine Miene düster und er geht näher an das Gerät heran. Wovon wird gesprochen?

Später erzählt mir N, daß einer der ganz erfahrenen Schneescooterfahrer aus Longyearbyen mit seiner Freundin in eine offene Stelle im Eis eingebrochen ist. Die beiden waren am Montagmorgen nicht an ihrer Arbeitsstelle erschienen. Daraufhin hat man sie mit dem Hubschrauber gesucht und ist der Spur im Schnee gefolgt ab der Stelle, an der sie sich Samstag abend von ihren Freunden verabschiedet haben. Hatten sie eine Panne? Oder Schwierigkeiten mit einem Eisbären? Die Fahrt führte an einem hinausragenden Kap entlang, ein Ort, an dem das Eis oft schlecht und unberechenbar ist. Die Strömung ist dort so stark, daß das Eis wenig Chancen hat. Der Fahrer des Schneescooters muß das gewußt haben, aber möglicherweise hat er im Mondlicht die Entfernung zur Küste falsch eingeschätzt.

Die Spur endete abrupt in der grauen Dämmerung; zerbrochene Eisschollen lagen übereinander und waren wieder aneinander festgefroren. In einigen Metern Entfernung fand man die beiden. Sie hielten sich umarmt und waren im Eis erfroren.

Oh, mein Gott …

Meine Gedanken halten sich fest an diesem Bild von den beiden im Eis und wollen nicht mehr weiter.

Sie sind wohl noch eine Weile geschwommen in ihrer bleischweren Kleidung in dem eiskalten Wasser. Das Wasser umringt mich langsam wie ein dunkler Tod und ich schnappe nach Luft. Überall nur Eis um mich herum, das weggleitet, sobald ich darauf klettern möchte. Holt mich hier raus!

Mir läuft ein Schauer über den Rücken, einmal Zwinkern mit den Augen holt mich zurück auf meine Bank, in unsere sichere Hütte. Wieder sehe ich vor mir, wie sie um ihr Leben kämpfen. Die Kälte lähmt ihre Beine, sie werden unsäglich schwer. Erschöpfung und Verzweiflung machen sich breit. Wie lange halten sie noch durch?

Dann kommt der Moment, in dem sie sich in die Augen blicken und wissen, daß sie es nicht schaffen werden, daß sie sterben werden. Sie umarmen sich, ich höre sie ein letztes Mal »Ich liebe dich« sagen und zusammen verlieren sie ihr Leben.

Was geht in jemandem vor, der den geliebten Menschen in den Armen hält und weiß, daß sie zusammen sterben werden? Was fühlt ein Mensch dann? Es läßt mich nicht los. Ich habe hier zwar keinen Geliebten, aber ich stelle mir vor, ich würde auf Spitzbergen plötzlich sterben. Einfach so, egal aus welchem Grund. Wenn es unumgänglich wäre, würde ich mit dem Schicksal Frieden schließen, glaube ich zumindest. Ich fände es aber schlimm, daß ich den Menschen, die ich liebe und die mich lieben, das dann nicht mehr sagen könnte. Damit sie nicht wütend oder traurig sind, weil ich noch so viele Pläne und Wünsche hatte. Natürlich will ich noch vieles, aber das Leben sucht sich seinen Weg und nichts anderes. Sterben ist Teil des Lebens. Jetzt kann ich es Rudolf noch erzählen und so schreibe ich ihm mit Tränen in den Augen die »letzten Gedanken meines Lebens«.

Am nächsten Tag fährt N mit dem Schneescooter nach Krosspynten, um Fallen zu kontrollieren und aus Ragnars Depot Benzin zu holen. Ich bin mir nicht sicher, ob ich mitkommen will, die Geschichte von gestern steht mir noch lebhaft vor Augen. Ich darf aber mein Leben nicht durch die Angst beherrschen lassen. Wenn ich anfange, das zuzulassen …

Dreimal tief durchatmen und dann fahre ich mit ihm.

Der Hinweg ist schön, es ist hell und ich darf fahren. Der Daumen an meiner rechter Hand friert mir wegen des eiskalten Gashebels beinahe ab, aber es macht trotzdem Spaß. Die Hütte, die wir aufsuchen, ist so eingeschneit, daß nur noch das Dach zu sehen ist; deswegen liegt immer eine Schaufel auf dem Dach bereit. Drinnen zünden wir den Ofen an. Hier ist es um vier Grad kälter als auf Austfjordneset. Dreiundvierzig Grad unter Null, wenn man diesem Thermometer glauben darf. Nachdem wir uns mit heißem Tee aufgewärmt haben, gehen wir die Fallen ab. Alle Fallen sind umgeklappt und völlig eingeschneit. Es gibt keinen Hinweis auf unseren schlauen Fuchs, aber N ist wütend. Ich entziehe mich und tue, als würde ich nichts hören.

Beim Benzinlager auf einem Hügel müssen wir unsere Kanister aus einem großen Faß füllen, aber der Deckel ist festgerostet und will sich nicht bewegen. Wind ist inzwischen aufgekommen, ich habe Eisfüße. N hat seinen Survival-Anzug in der Hütte liegen lassen und friert ebenfalls. Er ist immer noch verärgert und das wird dieser Deckel jetzt zu spüren bekommen. Nach einem aggressiven Schlag auf den Schraubenzieher löst er sich endlich. Mir ist auch kalt, aber ich bin eine Beobachterin meiner selbst geworden; ich mache, was gemacht werden muß und lasse mich durch nichts beeinflussen.

Eine Einfüllpistole muß am Faß angebracht werden. N dreht sie schief, aber mit Kraft auf den Einsatz und sie zerbricht ... Nun ja, das war zu erwarten. Es ist nicht das erste Mal, daß er in seiner schlechten Laune irgend etwas zerstört. Dann gießen wir halt ohne Pistole. N kippt das volle Faß ein wenig zur Seite und ich halte die Kanister darunter. Das Ganze geht mit viel Verschütten und permanentem Fluchen vor sich. Als er das Faß wieder abstellt, macht er das so ungeschickt, daß Benzin aus dem Faß schwappt und mir ins Gesicht, in mein Auge spritzt ... Verdammt. Ich verdünne es mit Spucke, aber es brennt gräßlich. Erst als mir die Tränen übers Gesicht laufen, merkt N, daß etwas nicht stimmt. Ich weiß gar nicht warum, aber ich bin die Ruhe in Person.

Die Tränen gefrieren und mir ist kalt, ernsthaft kalt. N bindet die Kanister auf den Schlitten und dabei – mich wundert nichts mehr – reißen ihm die Bänder. Sicher, auch den Bändern ist kalt und sie verweigern sich, wenn sie so lieblos behandelt werden.

N setzt mich auf dem Rückweg bei der Hütte ab. Ich habe keine Lust, einen so übelgelaunten Menschen zu begleiten. Er fährt die noch nicht kontrollierten Fallen ab, und ich begebe mich auf die Suche nach etwas Eßbarem. Vielleicht wird mir dann ein wenig wärmer. Die Packung Kekse ist aber leer und ich habe keine Energie, um Reis zu kochen, obwohl Reis mit Butter und Zucker jetzt sehr fein wäre. Butter ist keine da. Ich will dann doch Reis kochen. Ich kippe eine zusätzliche Schaufel Kohlen in den Ofen und überlege mir, daß die Kälte wohl viel erträglicher wäre, wenn ich mit jemandem darüber lachen könnte. Doch leider ...

Der Reis ist gerade fertig, als N zurückkommt. Er ist von meinen Taten beeindruckt. Gierig stopft er sich mit Reis und Bergen von Zucker voll, und langsam verschwindet die dunkle Wolke über seinem Kopf.

Dick eingepackt machen wir uns wieder auf den Weg Richtung Austfjordneset.

»Fährst du?«

Der Mond hat sich versteckt, es ist wieder ganz und gar dunkel geworden. Nein, er soll fahren.

Der Scheinwerfer beleuchtet nur wenige Meter vor dem Fahrzeug, und wir rasen mit sechzig Stundenkilometern über das Eis. Unaufhörlich schwebt mir das

Bild von zwei Menschen, die zwischen Eisschollen treiben, vor Augen.

Und ich liebe N nicht einmal. Ich müßte in dem eiskalten Wasser ganz allein sterben. N hat einmal erzählt, daß sich in früheren Jahren ein Spalt bildete zwischen der Insel und dem Norden. Könnte so etwas zufällig heute nachmittag auch wieder entstanden sein? Warum sollte er denn ausgerechnet heute nicht entstanden sein? Das Leben könnte um einiges leichter sein, könnte ich N blind vertrauen …

Aber auch ohne ins Wasser zu fallen, erfriere ich beinahe, alles tut mir weh. An die Kälte gewöhnt man sich nicht, aber an das Frieren gewöhnt man sich. Es überfällt mich nicht mehr so unvorbereitet. Zu Hause angekommen, kann ich fast nicht mehr gehen, so steif und kalt bin ich. Innen herrscht nach kurzer Zeit eine angenehme Temperatur, aber den ganzen Abend über fühle ich mich krank von dieser Kälte, ich habe Fieber und bin hundemüde. War das nun ein schöner Ausflug? Nun, nein, nicht direkt. Aber auch nicht direkt unangenehm, weder noch. Ich werde sowieso bald umziehen; bei Ragnar wird alles anders sein.

Viele Dämmerungen weiter haben meine Ungeduld und meine Verärgerung Platz gemacht für das Gefühl, daß alles gut werden wird. Langsam, aber sicher rückt die Zeit, zu der Ragnar nach Spitzbergen zurückkehren wird, näher. Der Februar hat nur vier Wochen. Ich weiß, daß ich weggehen werde und das bewirkt, daß mir Ns Gestank und seine Blödheiten viel weniger anhaben können. Der Druck läßt nach. Ich kann mein Leben genießen, egal wie kalt und einsam es auch manchmal ist.

Immer noch schreibe ich an dem Endlos-Brief an Rudolf. Ich habe ihm nur mehr wenig Neues zu berichten. Die letzten zehn Seiten sind voller Songtexte, die ich im Radio aufgeschnappt habe, und dazu Beschreibungen der Situationen, an die die Texte mich erinnern.

»If you are confused, check with the sun«, singt R.E.M. Musik aus dem Studentenhaus, in dem ich gewohnt habe. Das erinnert mich an altes türkisches Brot mit Ziegenkäse und an Sonne auf dem Balkon. Und »Radarlove« von Golden Earring. Radarlove, ja, von so etwas lebe ich hier. Vor allem seit unser Sender jede Zusammenarbeit verweigert.

N versucht ab und an, ob er vielleicht doch wieder geht. Stellt er sich vielleicht vor, daß die Heinzelmännchen das Gerät repariert haben? So auch heute abend: gewohnheitsmäßig schaltet N um zehn Uhr den Sender einfach mal an. Ich schreibe gelassen weiter, das Ding kann man vergessen. »Austfjordneset, Austfjordneset, Kapp Wijck«, klingt es plötzlich laut und deutlich durch den Lautsprecher.

Wie? Wie ist das möglich? Ich springe auf und renne zum Sender, während N antwortet. Tatsächlich, alle Lämpchen, die leuchten sollen, leuchten auch und Toralf teilt mit, er könne uns ausgezeichnet verstehen. Sie sprechen eine gute halbe Stunde, und ich sehe immer wieder voller Spannung auf das Gerät, aber es funktioniert tadellos. Wie ist das zu verstehen? N ist sehr vergnügt, ich bin es auch, frage mich aber, wie das zu erklären ist. Vielleicht doch die Heinzelmännchen?

Nachdem ich die anfängliche Verblüffung überwunden habe, bitte ich Svalbard Radio um eine Verbindung zu meiner Mutter. Rudolf ist leider schon wieder auf dem Schiff unterwegs. Anschließend holt N die Whiskyflasche hervor. Darauf müssen wir trinken! Zum ersten Mal seit langer Zeit trinken wir gemeinsam etwas und es ist sogar ganz gemütlich.

Am nächsten Tag lege ich mir die Erklärung zurecht, daß der Sender unter der berüchtigten Depression gelitten hat, die durch die lange arktische Nacht hervorgerufen wird. Soweit ich das sehe, gibt es keine andere Erklärung dafür, daß dieses Gerät gestern plötzlich wieder sendete und auch heute noch funktioniert. Wird Ragnar mich anrufen?

Am Abend hält N wie üblich sein Schwätzchen mit Toralf.

Ja, auch bei ihm ist es seit ein paar Tagen etwas wärmer. Die Fuchsjagd geht gut und er berichtet, daß der Wind das Eis aus dem Isfjord komplett weggeweht hat. Das ist der Fjord, den die Longyearbyener überqueren müssen, wenn sie nach Norden wollen und uns besuchen möchten. Das bedeutet: vorläufig kein Besuch und keine Post. Die letzte Neuigkeit, von der er zu berichtet weiß, ist die, daß Ragnar mit seiner Freundin nach Spitzbergen kommen wird.

Daß Ragnar mit seiner Freundin … Mist! Dann gibt es keinen Platz mehr für mich …

Meine Pläne, noch etwas aus dieser Überwinterung zu machen, meine Zukunft, verdammt noch mal, alles, worauf ich gehofft hatte, ist futsch.

»Ragnar kommt mit seiner Freundin.« Wie ein Spuk jagen diese Worte durch meinen Kopf. Enttäuscht frage ich mich, was ich jetzt machen soll. Ragnar war möglicherweise der Hauptgrund, warum ich überhaupt noch auf Austfjordneset bin. Meine letzte Hoffnung ist dahin. Was nun?

Mit dem Gefühl höchster Verzweiflung vertraue ich N mein Leid an. Er sagt nichts, weiß weder was noch wie. In einem solchen Moment könnte ich ein wenig Unterstützung gebrauchen, einen Menschen, der mitdenkt, einen Freund eben. Aber wie erwartet wird dieser Wunsch nicht erfüllt.

»Du könntest ruhig etwas interessierter sein«, werfe ich ihm bissig vor.

Mit mir ins Bett wollen, aber nicht mit mir reden, wenn ich das brauche, so ein unglaublich ahnungsloser, banaler und – ach, was weiß ich – Kerl. Glaubt er im Ernst, daß das so geht? Ratlos und unruhig wandere ich ununterbrochen auf und ab. Drei wütende Schritte zum Fenster und drei zurück zur Küche.

»Hast du wirklich gar nichts dazu zu sagen?« schreie ich ihn an, als ich vor ihm stehe.

Er zuckt mit den Achseln und sieht mich völlig verständnislos an.

»Nichts?!«

Ich greife meine Teetasse und möchte sie ihm an den Kopf werfen, kann mich aber noch rechtzeitig beherrschen und flüchte mich ins Freie. Ziellos laufe ich herum und trete gegen alles, was mir vor die Füße kommt. Verdammt, warum?

Die dunkle Nacht beruhigt mich schließlich ein wenig, und die Armee, die durch meinen Kopf marschiert, kommt zum Stillstand.

Als ich vorhin wach wurde, war alles noch in Ordnung. Die Decken rochen vertraut und die Stille sagte mir, daß sich der Wind gelegt haben mußte. Ich öffnete die Augen und entdeckte die Rentierhäute an der Decke, sah die Bücher und Briefe auf dem Nachtkästchen und meine Kleidung, ein buntes Durcheinander, auf den Regalbrettern an der Wand. Alles handfeste Dinge meines Lebens, das ich während der letzten Monate hier aufgebaut habe, in Erwartung besserer Zeiten.

In der letzten Woche war ich wegen meines Wartezimmer-Zustands kaum mehr unglücklich gewesen. Ich glaubte ja, daß sich bald alles ändern würde, daß bei Ragnar …

Die Erinnerung an das Gespräch von gestern abend trifft mich wie ein Schlag ins Gesicht: Ragnar kommt mit seiner Freundin. Es ist kein Platz für mich auf Mushamna.

Tief in Gedanken versunken, sitze ich auf dem Holzblock vor der Hütte. Trübsinnige Grübelei. Wieder fällt ein Vorhaben, das meinem Leben Sinn geben sollte, ins Wasser. Oder es gefriert sozusagen zu einem bizarren Eisberg, der noch viele Jahre um den Nordpol treiben wird. Meine Pläne scheinen für anderes nicht tauglich. Warum will mir gar nichts gelingen? Vielleicht ginge es mir besser, wenn ich selbst ein Eisberg wäre. Ein Eisberg will nichts, er ist einfach. Was bleibt mir sonst noch übrig? Nichts außer Austfjordneset. Und mit dem nächsten Hubschrauber wieder nach Hause.

Ich muß den Gedanken loslassen, daß eine Überwinterung etwas Großartiges sein muß. Es ist so, wie es ist und nicht anders. Nacheinander streiche ich in meinem Kopf diese vorgefertigten Vorstellungen von Herausforderung und Abenteuer inmitten reinster Natur, lösche die Bilder von weisen Männern in der Schnee- und Eiswildnis. Vergiß es, so ist es nicht, hier nicht und auch anderswo nicht.

Ermüdet sehe ich mich um. Schwere Gedanken sind anstrengend und ich erwarte den vertrauten und deshalb nicht mehr so aufregenden Anblick des »Vorgartens«. Aber alles sieht verändert aus. Erlaubt sich das Licht wieder ein Spielchen mit mir? Nein, das ist es nicht. Das Licht würde mich nur unruhig machen. Das hier ist etwas anderes. Ergriffen sehe ich genau hin und lasse die Umgebung auf mich wirken: die noch schlafenden Hunde im Vordergrund, die Stellage mit dem verschneiten Seehundfleisch, das weiße Panorama aus Eis und dahinter die Berge. Was ist los?

Ich empfinde es so, als hätte ich einen Traum wiedergefunden, den ich schon vergessen hatte, der sich aber noch an einem geheimen Platz in meinem Kopf aufgehalten haben muß.

Ein Gefühl, als ob etwas Entscheidendes in der Luft hängt, das aber noch nicht greifbar ist. Alle Gletscher und Schluchten der mich umgebenden Landschaft ziehen noch einmal an meinem Auge vorbei, aber ich kann keine Veränderung feststellen. Sollte es dann an mir liegen?

Ich unterziehe nun auch die inneren Berge und Täler einer genauen Untersuchung, und langsam ordnen sich alle Eindrücke und Gefühle: es fühlt sich an wie mein Vorgarten, mein Land. Die Außenwelt ist gleichgeblieben, aber meine Wahrnehmung hat sich geändert. Ich sehe und empfinde es anders. Das Gras in Nachbars Garten ist nicht grüner. Austfjordneset ist, was ich bekomme. Genieße es!

Lächelnd drehe ich mich um und betrachte die kleine Hütte, den an der Wand aufgestapelten Holzhaufen, die Antennen auf dem Dach und meinen gelb geblümten Schal im Fenster mit einer völlig neuen Zufriedenheit. Ich bemühe mich, meinen neuen Zustand so gut ich kann in Worte zu fassen, damit ich ihn wiederfinden kann. Mit diesem wertvollen Gefühl in mir und dem Gewehr auf dem Rücken laufe ich auf die Hügel zu, einfach so, wegen nichts oder wegen allem.

Den ganzen dunklen Winter über haben sich meine Spaziergänge auf die Runde um die Lagune beschränkt, da ich dann immer die Hütte und das Licht hinter den Fenstern sehen konnte. Damals schien mir das durchaus weit. Aber nun fängt die Dämmerung an normalem Tageslicht sehr ähnlich zu werden und die Lagune sieht lächerlich klein aus. Ich sollte meine Kreise etwas vergrößern. Es ist lange her, daß ich auf die Hügel geklettert bin. Ich habe vergessen, wie hoch und steil sie sind. Oben angelangt, schweigen meine Gedanken. Habe ich vorhin gesagt, das Land würde mich nicht mehr so faszinieren? Ich nehme alles zurück. Es ist wunderschön. Der Fjord führt schnurgerade wie eine Schnellstraße nach Norden und verschwindet am Horizont in der unendlichen Eislandschaft. Die Welt ist rund, aber ich sitze für einen Moment auf ihrer Spitze und alles ist weiß, so weiß.

Meine Atmung beruhigt sich wieder, das Blut rast nicht mehr mit ohrenbetäubendem Lärm durch meine

Adern und es tritt eine vollkommene Stille ein. Totenstille.

Läuft da etwa ein Eisbär herum? Sind sie schon unterwegs in Richtung Süden? N meint, in den nächsten zwei Wochen wird vielleicht mal einer zu Besuch kommen. Zum Glück ängstigt mich das nicht mehr so wie früher. Da es wieder heller wird, fühle ich mich dieser manchmal sehr unheilvollen Dunkelheit der Nacht nicht mehr so ausgeliefert. Ich kann wieder etwas sehen. Ich bin wieder Herr meiner selbst. In Wirklichkeit warte ich jetzt sogar auf die Bären, ich finde den Gedanken sehr aufregend.

Ich denke noch etwas über diesen weißen König von Spitzbergen nach und gehe weiter. Fast habe ich den Gipfel des ich-weiß-nicht-wievielten Hügels erreicht und stehe Auge in Auge zwei Rentieren gegenüber. Ich bleibe mucksmäuschenstill stehen. Trotz meiner knallroten Jacke tue ich so, als gehörte ich zur Landschaft. Ich bin ein Stein, hört ihr, ein Stein! Langsam gehe ich in die Hocke, aber als ich das Gewehr von meinem Rücken hole, wittern sie Gefahr und laufen auf der andern Seite den Hügel hinunter. Ich gehe ihnen nach, aber sie sind jetzt gewarnt und lassen mich nicht näher kommen. Wäre wirklich schön gewesen, nach Hause kommen und zu N sagen, er soll den Schlitten vorbereiten, weil ich ein Rentier erlegt habe. Aber auch mit diesem Ergebnis bin ich zufrieden. Das Tier hat auch ein Recht auf Leben.

Singend gehe ich nach Hause zurück. Gelegentlich sinke ich bis zur Taille in den Schnee ein und manchmal rutsche ich regelrecht einen Eishang hinunter. Das Leben ist wieder schön.

Dieser Tag verleiht mir Flügel. Endlich kann ich die Gedanken an all jene Dinge, die ich hier nicht habe, verdrängen. Es gibt nichts Besseres als hier, ich muß mich nur dafür öffnen und nur zulassen, es genießen zu können. Diese Tage im Februar vergehen mit einer ungekannten Leichtigkeit. Ich mache Spaziergänge, hacke Holz und spiele mit den Hunden; ich backe Brot, lese, kümmere mich um meine Wäsche und bin glücklich. Den Brief an Rudolf hole ich viel seltener hervor, und meine Tagträumereien um allerlei Freunde halten sich im Hintergrund. Ich habe genug an mir selbst.

Ich glaube, daß N etwas verunsichert ist durch diese neue Heleen. Er wird dadurch jedenfalls kaum gesprächiger. Er hat seinen alten Rhythmus wieder aufgenommen und steht täglich um halb acht Uhr auf. Abends will er um halb zwölf schlafen gehen. Und das ist ein großes Problem, weil meine Bank sein Bett ist und ich um halb zwölf noch nicht schlafen möchte.

Lautstark putzt er sich die Zähne. Ich sehe es genau, habe aber keine Lust auf jemanden zu reagieren, der sich weigert, mit mir zu sprechen, und lese einfach weiter. Nach dem Zähneputzen setzt er sich auf seinen Stuhl, steht wieder auf und hackt für morgen früh ein paar Hölzchen zum Feuer anmachen zurecht. Mit größter Sorgfalt legt er sie geordnet an ihren Platz, aber auch das ist damit erledigt. Und nun? Ich kann mein Lachen schon nicht mehr zurückhalten, als er sein Deckbett aus dem Schlafzimmer holt und es auf das Ende der Bank legt.

»Du kannst doch einfach sagen, wenn du ins Bett gehen willst.«

Er sieht mich kurz an, senkt seinen Blick dann wieder und murmelt etwas vor sich hin.

»Es ist schwer, mit jemandem zu leben, der nicht spricht.«

Verträumte Augen blicken nun zu mir, aber er sagt immer noch nichts. Gut, dann eben nicht.

Ich ziehe noch eine Jacke und eine Hose an und gehe hinaus. Der Mond steht verschwommen am Himmel, es ist warm und windstill. Zum darin Ertrinken. Ich sitze auf meinem Holzblock und beobachte.

Knøtte sitzt wie eine Prinzessin auf einem Schneehügel und erwartet ihren Prinzen auf dem weißen Pferd. Bamses Kopf ruht auf seinen Vorderpfoten; er versucht mich zu hypnotisieren. Und Skøyer ist in meinen Augen homosexuell. Er rennt, bellt und legt sich flach auf seinen Bauch; was er will, ist ein Spielchen mit Bamse. Der sieht ihn zwar, bleibt aber liegen. Wieder bellt Skøyer ihn an, dann steht Bamse ganz langsam auf, dehnt und streckt sich und läuft ruhig zu Skøyer. Kurz vor dem Ende seiner Kette bleibt er stehen, er senkt seinen Kopf und macht dann einen Satz nach vorn. Skøyer kichert vor Vergnügen, dreht sich blitzschnell auf seinen Rücken und läßt Bamse an seinem Hinterteil riechen. Aber der hält es dann für genug, er wühlt noch etwas im Schnee nach Freßbarem und legt sich wieder vor mich hin. Ein letztes Aufheulen von Skøyer: Liebst du mich denn nicht mehr? Der Ton klingt beleidigt. Dann legt auch er sich wieder hin, und zwar auf den Rücken, denn es ist warm.

Ich hole das Gewehr und gehe zur Lagune. Der Wind hat den Schnee weggefegt, das Spiegelbild des Mondes glänzt in dem glasklaren Eis. Ich ertrinke in der Ruhe, in allem und in nichts; fühle mich wie ein Fluß in der Nähe des Meeres, ein Fluß aus vielen kleinen Lächeln. Ist es das, was man innere Ruhe nennt? Gott schuf die Welt und er sah, daß es gut war.

»Ich bin glücklich, trotz allem und auch gerade wegen allem«, schrieb ich einmal im Dezember an Rudolf. Aber bedingungsloses Glück kennt das Wort »trotz« gar nicht. Es ist eine tiefe Zufriedenheit, die nicht unterscheidet, sondern alles annimmt, egal wie verrückt das Leben manchmal ist.

Wie ein Glühdraht liege ich später im Bett: noch voller sprudelnder Energie. In den ersten Monaten vergeudete ich viel davon an meine Trauer und meine unerfüllten Sehnsüchte, später an meine Empörung über Ns Dummheiten und zum Schluß kostete das Durcheinander meiner eigenen Gedanken viel Kraft. Jetzt sind kaum mehr Energieräuber da. Wohin mit dem Überschuß? Ich fließe über, ich sprühe Funken, im Bett drehe ich mich wild um, ich möchte in lautes Lachen ausbrechen, tanzen, spielen ... Wie soll man bloß in diesem Zustand schlafen?

Kaum habe ich meine Augen zugemacht, werde ich wieder geweckt durch das zuschlagende Ofentürchen. Es ist halb acht. N steht auf.

O Gott, wirklich sehr witzig, der Geruch von Pfannkuchen dringt wieder durch den Vorhang ... Er ist einfach genial! Ich werde mich nicht darüber aufregen, tue aber so, als wäre ich verärgert. Vielleicht der Versuch, eine Reaktion von ihm zu bekommen.

»Warum in aller Welt Pfannkuchen? Haßt du mich etwa?«

»Nein.«

»Hast du unser letztes Gespräch über Pfannkuchen vergessen?«

Keine Antwort.

»Wie können wir Freunde sein, wenn du nicht mit mir sprichst?« schleudere ich ihm wieder einmal entgegen. Kapiert er es wirklich nicht?

Entrüstet sitzt er nun auf der Bank wie ein kleiner Junge, der Prügel bekommen hat, aber nicht weiß, weswegen, und schweigt beharrlich, bis ich das Gespräch in einem normalen Ton wieder eröffne. Er bestätigt – als wäre nichts geschehen –, daß das Wetter wirklich schön ist. Später schlägt er sogar vor, einen Ausflug mit dem Hundeschlitten zu machen.

Die dünne Schicht Neuschnee ist so weich, daß N die Hunde vor den viel schwereren, großen Schlitten spannt. So groß, daß wir zu zweit darauf liegen können – wenn ich das wollte. Aber man kann auch hinten auf dem Schlitten stehen, und obwohl ein kalter Wind weht, freue ich mich auf die Abwechslung. Knøtte ist heute in einer sehr eigensinnigen Laune, sie will und muß zur Insel und weigert sich, rechts abzubiegen. N macht Anstalten, mit Skiern auf die rechte Seite des Schlittens zu laufen, damit er das Gespann mit einer Leine in die richtige Richtung ziehen kann.

Aber, Moment mal, das kann ich auch. Mit der Leine in der Hand springe ich vom Schlitten und renne neben ihm her. Das ist ziemlich schwer mit meinen riesigen »Bärenschuhen«, ich kann nur mühsam das Tempo halten. Wir nähern uns der Insel mit den gewaltigen Eisbergen. Ich mache eine Wendung nach rechts.

»Knøtte, komm hierher, verdammt noch mal. Hier geht's lang!«

Noch einmal reiße ich fest an der Leine, und endlich folgt sie mir. Ich springe wieder auf den Schlitten. Nach diesem gelungenen, schnellen Einsatz blicke ich zufrieden um mich.

Der Himmel ist blau. So blau. Ich habe fast vergessen, daß er so blau sein kann. Einige verwehte Wolkenfetzen im Süden sind sogar schon rot. Wenn ich sie erklettern könnte, würde ich die Sonne sehen … Die Rückkehr der Sonne ist ein wahnsinnig aufregendes Ereignis, nach ihrer langen Abwesenheit ist dies allerdings auch eine eigenartige und unwirkliche Vorstellung. Die vage Erinnerung an helle Strahlen voller Wärme kommt wieder, von ganz weit weg. Noch vier Tage und ich werde wieder wissen, wie das ist. Bitte, laß es an dem Tag unbewölkt sein. Ich will singen, mich aufputschen lassen durch den Schlußsong aus dem

Musical *Hair*: »Let the sun shine, let the sun shine in«. Lang lebe der Frieden und alle Blumen, laß uns glücklich sein!

Ich wage nicht zu singen, wenn N es hören kann.

Die Berge an beiden Seiten des Fjords lachen mir zu. Und noch glänzt Jupiter matt im Norden. Hallo, Jupiter. Aus reiner Lust lasse ich mich vom Schlitten fallen und renne eine Weile neben ihm her. Der Wind kann mir nichts mehr anhaben. Das touristische Passagiergefühl ist verschwunden. Ich bin ein Eskimo. Ich bin glücklich.

Schon um vier Uhr zieht sich die Dämmerung zurück und die dunkle Nacht umgibt wieder das stille Land. Bevor wir umkehren, läßt N die Hunde anhalten und ausruhen. Erst legen sich alle ganz brav hin und dann kriechen sie gemütlich nah zusammen. Sie tuscheln, beschnüffeln und necken sich. Skøyer beißt Bamse in den Nacken. Aber Bamse hat seit kurzem nur noch Augen für Wijde. Vor Erregung hechelnd sitzt er vor ihr und versucht, ihren Blick zu erhaschen. Ich glaube, er ist verliebt. Aber egal wie sehr er ihr schöne Augen macht und sie schmachtend einlädt, sie beachtet ihn nicht. Sie sonnt sich gern in seiner Aufmerksamkeit und wenn sie dann genug bekommen hat, verpaßt sie ihm eine Ohrfeige. Ich genieße dieses rührende Schauspiel. Was für schöne Tiere.

Meine gute Laune hält auch zu Hause weiter an und steckt überraschenderweise sogar N an. Zum ersten Mal lasse ich mich von seiner zutraulichen Reaktion, die in den ersten Monaten auch immer die Frage nach mehr beinhaltete, nicht abschrecken, und ich ärgere mich nicht über seinen fehlenden Willen beziehungsweise seine fehlende Fähigkeit, über das Leben nachzudenken. Übermütig öffne ich sogar den Champagner, der an Silvester unberührt blieb. Den ganzen Abend über herrscht eine unkompliziert gemütliche Atmosphäre, wir trinken etwas, hören die paar Kassetten, die wir besitzen, plaudern miteinander und trinken noch mehr.

Ich frage ihn, ob er sein ganzes Leben hier verbringen möchte. Das weiß er noch nicht so genau, aber es fällt ihm schwer, hier wegzugehen. Ja klar, die Entscheidung hinauszögern und somit also bleiben, ist immer einfacher. Ermutigt durch Ns bereitwillige Antwort (zwei Sätze!), will ich von ihm wissen, warum er überhaupt hier ist.

»Ich lebe gern draußen, ich mag die Natur, die Ruhe.«

»Unsinn, das kann nicht alles sein.«

Es sind zwar schöne Worte, aber ist das, was er sagt wert, das ganze Jahr allein zu leben? Es muß mehr geben. Aber Vorsicht Leentje, geh nicht zu weit und vor allem nicht zu schnell. Wenden wir uns erst Toralf zu, dem Mikrobiologen, der mit sechsunddreißig Jahren nach Spitzbergen kam, um hier zu bleiben. Warum lebt er seit zwölf Jahren allein hier?

Aus Ns Erzählungen weiß ich, daß er ein eigensinniger Mensch ist, mit dem niemand gut zusammenarbeiten konnte. Niemand hörte auf ihn. Und hier, auf Spitzbergen, kann er ohne Kritik und Einmischung von anderen seiner Wege gehen.

Jetzt vorsichtig zurückkehren zu Ns Motiven.

»Wie hast du in Norwegen gelebt?«

Er wohnte allein in einer großen Stadt, arbeitete und verdiente gut, hatte aber keine Freunde und saß die meisten Abende allein zu Hause. Niemand kannte ihn, er war ein Niemand. Behutsam frage ich ihn, ob sein Leben hier besser ist als in Norwegen, woraufhin er ein schüchternes Lachen preisgibt und mir dann beipflichtet. Hier ist er schließlich der Pelzjäger von Spitzbergen. Er wird im Dorf gegrüßt, wenn er dort zwei Wochen Urlaub macht. Er hat Freunde. Daß er die meiste Zeit im Jahr zu keinem Menschen Kontakt hat, stört ihn wenig. Vielleicht ist es ihm sogar angenehm.

Und wo ist mein Platz in dieser Geschichte? Ich frage ihn, ob er meinem Aufenthalt auch dann zugestimmt hätte, wenn ich ein Mann gewesen wäre. Es bleibt lange still, er schenkt sich noch einmal nach und leert das Glas köstlichen Champagner achtlos mit einem Schluck.

»Nein, ich glaube nicht.«

»Es ist also egal, wer ich bin, Hauptsache, ein Mädchen?«

Ein schüchternes Lachen.

»Yeah.«

Wußte ich's doch ... Aber das bringt mich nicht mehr auf die Palme. So ist er eben. Das Bett regiert seine Gedankenwelt und steht wie ein breites Hindernis zwischen uns.

Und natürlich, wie immer wenn am Ende des Abends der Boden der Flasche sichtbar wird, faßt er auch jetzt wieder neuen Mut.

Behutsam bewegt er sich von seinem Stuhl zu mir auf die Bank und schiebt sich langsam näher.

»Bitte, Heleen, schläfst du heute nacht mit mir?«

Ich fange zu lachen an, weil das Ganze so schrecklich vorhersagbar ist und wohl auch, weil ich etwas getrunken habe. Es ist besser, ich sage nichts mehr.

»Nur eine Nacht?« bettelt er fast und streicht mir eine Locke aus dem Gesicht.

Ganz kurz, nur einen winzigen Augenblick lang spüre ich wie mein Widerstand weicht. Soll ich? Er fühlt es, beugt sich zu einem Kuß nach vorn. Aber nein, nein, doch nicht. Ich sehe wieder vor mir, was ich mit ihm alles ausgestanden habe in den letzten Monaten, seine Dummheiten, seine Naivität. Und außerdem stinkt er. Nein, bitte nicht. Lachend schiebe ich ihn von mir weg und sage ihm Dinge, die er schon kennt: daß ich nicht will, daß ich Rudolf liebe und daß ich schlafen möchte. Und zwar allein.

N zieht sich nicht mehr in sein Schneckenhaus zurück nach dieser erneuten Abweisung. Im großen und ganzen bleibt die gute Stimmung erhalten. Heute nachmittag hat er mich auf dem Scooter mitgenommen zu den Gletschern. Es ist schon lange her, daß ich dort war, und wieder war ich überwältigt von diesen enormen Eismassen. Der Wind, der sich auch den klaffenden Spalt im Bergmassiv zunutze macht, hat den Schnee zum größten Teil schon weggepustet. Das älteste Eis ist klar und von tiefblauer Farbe; durch den Druck wurde im Lauf der Jahrhunderte die Luft aus dem Eis gepreßt, und daher hat es die Farbe des Wassers. Junges Eis ist dagegen viel heller. Ab und zu sieht man schwarze Adern durch das Eis laufen. Diese stammen aus den Zeiten, an denen der Gletscher mit Steingeröll bedeckt war. Es ist wie ein kunstvolles Mosaik.

N steuert den Schneescooter langsam in größere Höhe, aber die Skier rutschen immer öfter weg auf dem nackten Eishang. Ich steige ab, um es ihm zu erleichtern, aber nach zwei unvorsichtigen Schritten fliege ich gnadenlos hin und lande mit voller Wucht auf meinem Hintern. Es ist spiegelglatt. N ist ein paar Meter weitergekommen, ich krieche auf allen vieren hinterher. Das Eis ist schön, aber auch sehr unpraktisch. Beide lachen wir darüber.

Als sich zeigt, daß es keinen verschneiten Weg mehr nach oben gibt, kehren wir um, und unten angekommen fahren wir die Fallen im Süden der Hütte ab. Ergebnis: Ein Polarfuchs und die Reste von einem Fuchs, der wahrscheinlich von einem hungrigen Artgenossen angefressen wurde. Oder war es ein Eisbär?

Wir kommen spät zurück, zu spät jedenfalls für die verabredete Zeit, während der wir für Svalbard Radio erreichbar sein wollten. Aber Toralf ist noch eingestellt auf die Plauderfrequenz der Pelzjäger und möchte nach seinem täglichen Plausch mit N auch mich sprechen. Er kommt nur ganz schwach durch, aber das scheint mit dem Nordlicht zusammenzuhängen. Er erzählt etwas von einem Anruf aus Amsterdam für Austfjordneset. Aus Amsterdam. Rudolf? Aber der muß jetzt auf dem Schiff sein. Wer könnte es gewesen sein?

»Rudolf.« Ich schließe meine Augen und konzentriere mich auf sein Gesicht. »Rudolf, bist du nicht mit dem Schiff weg? Hast du mich angerufen?«

Angespannt und erwartungsvoll rufe ich bei Svalbard Radio an, bekomme aber keinen Kontakt. Sie hören mich nicht. In Gedanken baue ich eine Brücke in Richtung Sendemast im Dorf und versuche es noch mehrmals, aber an dem abweisenden Geräusch ändert sich nichts. Es bleibt mir nichts anderes übrig, als zu warten, bis die atmosphärischen Störungen aufhören. Aber die Ruhe ist dahin … Diese Nachricht von Toralf führt mir das Bild meines Freundes wieder haarscharf vor Augen.

»Wie geht es Dir? Was machst Du, woran denkst Du? Was denkst Du von mir? Bin ich in Deiner Erinnerung noch lebendig? Oder siehst Du mich inzwischen als ein zwar liebes, aber etwas eigenartiges Mädchen, das Du vor längerer Zeit einmal kennengelernt hast und mit dem Du zwei schöne Monate verbracht hast?«

Ich kann seit neuestem Wunsch und Wirklichkeit nicht mehr unterscheiden. N gegenüber halte ich die Geschichte aufrecht, damit meine Weigerung, mit ihm zu schlafen, einen deutlichen Hintergrund hat. Ich selbst greife auch auf die Geschichte zurück. Erinnerung als

Instant-Liebe. Und was soll daran schlecht sein? Ich habe ihn sehr geliebt, und es gibt keinerlei Argumente für das Gegenteil, also liebe ich ihn immer noch sehr. Bei ihm fühle ich mich zu Hause. Zu ihm gehöre ich. Mit diesem schönen Gefühl von Sicherheit gehe ich schlafen. Morgen werde ich ihn sprechen.

... Rudolf sitzt auf einem Pferd. Er macht sich mit ein paar Leuten auf zu einem Ausritt. Ich stehe in einiger Entfernung von ihm, ich werde nicht mitkommen. Wir sehen uns an. Meine Augen laufen über vor Liebe. Sie wünschen ihm alles Gute und viel Spaß. Auf bald? Tschüs, Liebster ...

An mehr kann ich mich am nächsten Morgen nicht erinnern. Nur mit Strumpfhose und Pullover bekleidet stecke ich den Kopf zur Tür hinaus. Am Himmel das subtile Vorspiel, das die Sonne seit Wochen darbietet. Der stille Hinweis, daß auch nach so langer Dunkelheit die Sonne wiederkehrt. Man gewöhnt sich an alles, und alles hat ein Ende.

Am Abend versuche ich wieder Kontakt zu Svalbard Radio zu bekommen und schön, es klappt.

»Guten Abend, Austfjordneset. Einen Augenblick, ich verbinde.«

Während sie die Telefonnummer wählen, von demjenigen, der gestern versucht hat, mich zu erreichen, stelle ich mir im Geiste Rudolfs Zimmer vor und höre, wie dort das Telefon klingelt. Er erhebt sich und geht zum Telefon, schließt für einen Augenblick die Augen und greift zum Hörer. Ich kann ihn beinahe anfassen.

»Hallo, Heleen, bist du da?« ertönt plötzlich laut und deutlich die Stimme meines Vaters.

Wieso Amsterdam? Wieso Rudolf?

Ein paar Tage später, es ist der 19. Februar, sitze ich

ganz entspannt in der Hütte und trinke eine Tasse Tee. Morgen, morgen, um diese Zeit wird die Sonne kommen. Heute gebe ich mich noch mit rotglühenden Berggipfeln zufrieden. Nach vier Monaten kommt es auf einen Tag mehr oder weniger nicht mehr an. Ich fange einen Brief an, gerate aber schon bald ins Stocken. In unserer Hütte herrscht absolute Ruhe. Mir paßt das gut. Ich stelle keine Fragen mehr und muß also keine Antworten suchen. Es geht mir ausgezeichnet. Wie lange kann man darüber schreiben? Glück braucht keine Worte. Es ist in sich vollkommen. Plötzlich fliegt die Tür auf, ausgelassen kommt N herein.

»Die Sonne, die Sonne ist da!«

Einen Tag zu früh? Ich springe auf und renne hinaus. Sonnenstrahlen schießen glitzernd über das Eis und tauchen die Schneelandschaft in Feuer und Flammen. Groß und rot liegt die Sonne auf den Gletschern und klettert hochschwanger mit Licht und Wärme langsam einen Berg hinauf. Aber sie erreicht den Gipfel nicht ganz und verschwindet. Kommt sie noch einmal? Erleichtert atme ich auf – ja, an der anderen Seite des Berges wird sie noch einmal sichtbar. Ich sauge das Licht auf, öffne meine Arme und möchte fliegen, so betrunken, so ... Aber da taucht sie am Horizont unter. Bis morgen. N legt seinen Arm um meine Schulter. So überglücklich wie ich bin, stört mich das ganz und gar nicht. Oder finde ich es etwa angenehm?

In absoluter Feststimmung backen wir zum Mittagessen Waffeln und(!) Pfannkuchen. N bereitet die Waffeln auf dem Holzofen, und ich mache die Pfannkuchen auf dem Petroleumkocher daneben. Wir tauschen kleine Witze aus; ich amüsiere mich über ihn. Oft habe ich ihm Dummheit und Naivität vorgeworfen, ich bekomme das Gefühl, daß »unschuldig« vielleicht die bessere Bezeichnung wäre. Warum war ich in meinem Urteil über ihn nur so hart? Er bemüht sich doch wirklich. Unsere Küche ist sehr eng für zwei Leute. N stößt mich ab und zu beim Hantieren mit seinen Waffeln sanft an. Mir laufen Schauer über den Rücken. Diesmal nicht, wie gewohnt, aus Abscheu. Es sind angenehme Schauer. Komischerweise lasse ich mich dadurch richtig mitreißen. So bin ich ständig am Kichern und finde kein Ende. N nimmt an, daß die Sonne für diesen Zustand verantwortlich ist, und ich lasse ihn in dem Glauben. Was passiert hier?

Den Rest des Tages bin ich nicht mehr in der Lage, normal zu denken. Ist das wirklich wahr, daß ich empfänglich werde für Ns Berührungen? Ich fühle mich wie eine Glühbirne und erkenne mich kaum wieder.

»Was ist so lustig?«

Ich antworte nicht. Gurrend laufe ich an ihm vorbei, er berührt meine Schulter. Bleibe ich stehen? Ich will, ich will ... nein, ich gehe weiter.

Ist es aus Langeweile? Meldet Leentjes Körper auch mal wieder Bedürfnisse? Oder ist es die Folge zunehmender Akzeptanz? Von den Ursachen mal abgesehen – wohin mit diesem warmen Gefühl in mir? N hat natürlich sehr schnell bemerkt, daß ich nicht mehr so abweisend bin wie vorher. Immer häufiger legt er seinen Arm um meine Schulter und ich schüttel ihn nicht ab. Eigentlich möchte ich mich an ihn kuscheln. Eigentlich ... ja, was denn eigentlich?

Zu schnell versucht er es wieder. Ich lehne ab; ich kann noch nicht ja sagen. Dieser Körper, vor dem ich mich so oft geekelt habe; sein Geruch, den ich oft so scheußlich fand, es fällt mir noch schwer, mir vorzustellen, daß er nackt neben mir im Bett liegt.

Am Abend halte ich es nicht länger aus, ich habe mich die ganze Zeit so in das Gefühl hineingesteigert, die

Energie sucht ihren Weg. Ich möchte ihn berühren, küssen ... o Himmel, hilf mir! Aber ich habe nicht den Mut, ich laufe weg, hinaus. Vielleicht kühlen diese komischen Gefühle im Schnee ab? Ich bleibe bei Knøtte stehen. Meine liebe Freundin, verstehst du das? Sie leckt mich liebkosend an der Nase. So ein süßes Tier.

Wie ist das möglich, nach so langer Zeit? Ach, alle meine Erwartungen, meine Vorurteile, an denen ich krampfhaft festhielt, um mich irgendwie zu handhaben. Ich schäme mich dafür. Egal, wie dumm er manchmal wirkt, N ist ein guter Kerl mit einem warmen Herzen und er hat Besseres verdient als diese ungnädige Heleen, die mit sich selbst nicht zurechtkommt. Erst Freunde werden und dann ins Bett gehen, scheint nicht zu funktionieren. Sollen wir die Reihenfolge ändern? Was habe ich schon zu verlieren?

In dieser Nacht schlafe ich nicht. Die wildesten Phantasien bevölkern meine Gedanken und es reicht mir nicht mehr, die Phantasien nur im Kopf auszuleben. Ich mache mich total verrückt und kann nichts daran ändern. Ich unterbreite mir selbst den Vorschlag, aufzustehen und zu ihm zu gehen, habe aber Angst, daß er dann völlig perplex ist und lasse es. Endlos bearbeite ich die Frage, ob und inwiefern meine Gefühle etwas mit ihm zu tun haben, oder ob es sich um rein körperliche Lust meinerseits handelt. Und wenn das letztere zutrifft, was dann? Ich kenne mich nicht mehr aus.

Am Morgen bringt das Tageslicht zum Glück ein wenig Ruhe in die ganze Aufregung. Außerdem wollen die Hunde trinken und der Holzvorrat muß vergrößert werden. Die Arbeit stellt sich zwischen mich und meine Phantasien.

Draußen ist es vollkommen klar. Am Himmel ist der rote Teppich für die Königin bereits ausgerollt. Keine

Farbe ist für sie zu schön. Atemlos sehe ich zu, wie sich das Wunder vollzieht, wie ein kleiner roter Punkt zur runden, vollkommenen Sonne wird. Quälend langsam, aber fest entschlossen, löst sie sich von dem Gletscherkomplex und klettert, ihrer Bahn folgend, in die Höhe. Lange Schatten zeichnen blaue Streifen in den rosafarbenen Schnee. Es ist märchenhaft. Vertraut und dennoch neu und unendlich aufregend. Nach einer halben Stunde landet sie wieder sanft am Horizont. N hat sich zu mir gesellt, ich lege meinen Arm um ihn und gemeinsam sehen wir zu, wie der letzte Rest des göttlichen Rot verschwindet. Ich zügle mein Bedürfnis, ihm einen Kuß zu geben und weiß gar nicht, warum ich nicht nachgebe. Die Macht der Gewohnheit?

Aber in meinem Körper herrschen noch andere Mächte. Ich kann mich immer weniger entziehen; der Körper will gehört werden, er weiß, was er will, und läßt meine rationale Widerrede nicht mehr gelten. Warm und strömend sucht er einen Ausweg. Jetzt.

In Erwartung der Geschehnisse ziehe ich mich auf meine Bank zurück. Unruhig nehme ich erst einen Brief zur Hand, dann ein Buch, aber meine innere Lust hat mich absolut im Griff, nichts kann meine Aufmerksamkeit fesseln. Nichts, mit Ausnahme von dem Mann, der das alles vermutlich noch weniger verstehen kann als ich. Er hat seine Aufräumlaune und schafft in der Werkstatt die herumliegenden Sachen von der einen Ecke in die andere. Es fällt mir noch schwer, es zuzugeben, aber in Wirklichkeit warte ich mit Spannung bis er wieder hereinkommt.

»Es ist Zeit für einen Drink.«

Dankbar nehme ich das Glas Whisky an. Er zaudert kurz, ob er zu seinem Stuhl auf der anderen Seite des Tisches gehen soll. Nein, geh bitte nicht weg, laß uns anstoßen auf die Sonne und den Frühling auf Austfjordneset.

Diese Augen sind viel zu grün. Ich weiß nichts mehr zu sagen, ich kichere nur. Jetzt bin ich dran, meine Augen niederzuschlagen.

»O Heleen«, sagt er leise und streicht mir über die Wange, »willst du …«

»Ja.«

Ein verunsicherter Blick.

»Ich habe ja gesagt.«

Er strahlt, wie ich noch nie einen Mann habe strahlen sehen. Ich kann es nicht länger ansehen und küsse ihn schnell; und noch einmal.

Eine Ewigkeit bleiben wir auf der Bank sitzen, gehen auf Entdeckungsreise beieinander und fangen noch mal ganz von vorne an.

Hallo, ich bin Heleen, glaube ich, und ich will dich, ich will alles. Und wer, wer bist du?

Nils sitzt eng an mich geschmiegt auf der Bank und streichelt behutsam durch meine Haare. Ich sitze regungslos und mit geschlossenen Augen, mein Kopf ist leer. Meine Arme liegen schwer und warm um ihn geschlungen und erzählen ihm Dinge, von denen ich selbst kaum etwas weiß. Ich genieße, schnurrend, wie eine dicke Katze.

Ich öffne für einen Moment meine Augen und betrachte mit Erstaunen sein Gesicht. Sein geraden Lippen und die schweren, sonst immer leicht hochgezogenen Augenbrauen sind entspannt in einem lachenden Gesicht. Wie eine zerdrückte Blütenknospe, die sich, angelockt von der Sonne, plötzlich öffnet und verwundert blüht. Wo ist der verschlossene Mann an der anderen Seite des Tisches geblieben? Ist es wirklich er, der sich so an mich drückt? Und bin ich es, Heleen, die sich so anlehnt, an ihn, den stinkenden Pelzjäger? Mein Kopf ist so daran gewöhnt, nachzudenken und zu analysieren, daß er die Veränderung nicht zuordnen kann. Wer sind wir?

Aber bemüh dich erst gar nicht; das hier ist viel zu angenehm. Wozu die Fragen? Ich schaue noch einmal genau in die strahlenden grünen Augen und finde, er ist ein besonderer Mensch, ein Mensch mit einem Namen. Doch ist die Wandlung auch verwirrend, ich schließe meine Augen wieder und drücke ihn zärtlich an meine Brust. Während ich doch wieder Fragen stelle wie »Wie soll das nur weitergehen?«, wandert meine Hand unsicher über seinen Rücken, unterhält sich mit seinen zarten Härchen im Nacken und bewegt sich neugierig weiter. Als Antwort auf seine Küsse und seine Berührungen, erkunde ich stundenlang seinen Körper. Zunächst seinen Rücken – die Rückseite scheint sicherer –, sein plötzlich so schönes Gesicht mit dem kurzen, schwarzen Bart, der ihn vor der Kälte schützt, dann seine Brust, seinen Bauch, den er manchmal – von Kichern begleitet – zusammenzieht und erst viel später das warme, pulsierende, steife, aber noch hinter einem Gürtel verborgene …

Nils setzt sich nun etwas entfernt von mir, nimmt mein Gesicht in seine Hände und sieht mich kopfschüttelnd an.

»Ich kann es nicht glauben. Es ist nicht wahr, es ist nur ein Traum.«

Ich fange zu lachen an. Was soll ich dazu sagen? Seine offene, direkte Verwunderung macht mich verlegen. Ohne etwas zu verbergen und ohne etwas vorzugeben streichelt er mich einfach nur und ist zufrieden. Er hat keine Eile. Ich werde davon ganz weich, es rührt mich sehr.

Schließlich bin ich es, die ihn bei der Hand nimmt, um die Bank mit dem Bett zu vertauschen. Im Schlafzimmer ist es kalt und dunkel. Ich zünde die Öllampe an und ziehe ihn zu mir unter die warme Decke. Zusammen bauen wir ein Nest, in dem ich ihn langsam ausziehe. Er läßt alles geschehen und bleibt, mit Spannung erwartend, was da kommt, still liegen. Unsicher? Nervös? Meine Hände zeichnen warm und nachdrücklich wohlüberlegte Linien auf seinem Körper nach. Immer im Kreis, bis sein Körper wieder weich wird. Knopf um Knopf öffne ich meine Bluse. Starke Hände gleiten über meine nackte Haut. Seine Bewegung ist noch zurückhaltend und unschuldig, wirft mich aber total aus der Bahn. Meine Pläne enden hier und meine Koordination ist im Eimer.

Es bleiben zwei Körper, die miteinander kommunizieren, sich einladen und entführen in eine völlig neue Welt. Immer weiter, über Berge hinweg, dann wieder lassen sie sich taumelnd mitreißen in wilden Gewässern; auf dem stillen See im Tal kommen sie wieder zu Atem und lauschen ihrem eigenen Gesang, und wieder folgt ein Aufbrechen zum nächsten Begegnungsort. Erst als die Schatten auf dem inzwischen sonnenüberfluteten Bett schwächer werden, lassen sie einander los, und kehren zufrieden zu sich und ihren Träumereien zurück.

Mein Bein liegt noch warm an seinem Bein, seine Hand ruht auf meiner Brust.

Tage kommen und gehen, ohne daß ich viel davon merke. Mein Leben dreht sich um Nils und sonst nichts. Sex und alle diese Zärtlichkeiten, wie sehr habe ich das vermißt … Anhänglich bei ihm unterschlüpfen, wieder klein sein dürfen. Keine Angst mehr haben müssen vor unerwünschten Annäherungsversuchen, wenn ich mich öffne und verletzlich bin. Ich kann mich wieder zeigen. Spontan in Lachen ausbrechen und eine gnadenlose Femme fatale spielen. Alles ist erlaubt. Nils protestiert nie. Er will alles sehen, fühlen, erfahren. Er ist nicht dumm und naiv, sondern unschuldig, wie ich schon vorher angenommen hatte. Er ist wohl so daran gewöhnt, viele Dinge nicht zu wissen, daß er nicht das Bedürfnis haben kann, seine Unschuld zu verbergen.

Wieder liegen wir müde vom Lieben nebeneinander

im Bett, als er von mir wissen will, wie das bei einer Frau funktioniert. Was finde ich angenehm? Erschöpft, satt und zufrieden von seinem unermüdlichen Tun liege ich ohne den geringsten Funken Energie quer über dem Bett und soll das jetzt erklären? Als ich wieder zu Atem gekommen bin, erzähle ich ihm über meine verschiedenen »Knöpfe«, über die warm strömenden Wellen, von dem aufregenden Anblick, den ein erregter Mann bietet, und über das wohlige und zärtliche Gefühl, das ich empfinde, wenn wir Haut an Haut zusammenliegen. Er hört sehr genau zu und fängt an, mir von seinen früheren Erlebnissen zu erzählen. Er war einmal nach einem Fest und in betrunkenem Zustand mit einer Frau im Bett. Das war eine einmalige Angelegenheit und in keinster Weise mit dem zu vergleichen, was er nun erlebte. So hat er es sich auch nicht vorstellen können, wenn er sich selbst befriedigte.

Ich bin überrascht – darüber höre ich Männer selten reden. Aber Nils scheint von Macho-Gehabe nicht beeinträchtigt. Unbefangen berichtet er detailliert, wie, warum und wie oft sich was auf der Bank abspielte, bevor er schlafen ging. Ganz leise mußte es immer geschehen, damit ich es auf der anderen Seite der Holzwand ja nicht hören konnte. Ich habe ihn doch nie gehört, oder? Nein, aber ich hatte mich natürlich schon gefragt …

»Und wie ist das bei dir?«

Zögernd lache ich etwas. Ich? Nun ja, was soll ich sagen? Er überfällt mich. Aber nachdem er so ehrlich von sich erzählt hat, will ich nun nicht kneifen. Ich berichte ihm über die eine schreckliche Nacht, bevor ich endlich ja zu ihm sagen konnte; als ich mich selbst so hochschaukelte in allerlei Phantasien, daß ich am liebsten zu ihm gegangen wäre.

»Warum hast du's nicht gemacht?«

Jetzt ist es mal an mir, mit den Schultern zu zucken. Ich weiß es nicht mehr. Es ist auch nicht mehr wichtig. Der Schritt liegt hinter uns. Und das muß gefeiert werden! Mit grenzenloser Begeisterung wenden wir uns wieder uns zu, richten uns auf das, was uns verbindet, was wir miteinander teilen.

Wir lieben uns, schlafen, lieben uns, essen, lieben uns, schlafen ... Es dauert lang, bis die Sonne uns länger nach draußen locken kann als man braucht, um die Hunde zu füttern.

Am 1. März werden wir morgens von durchdringendem Hundegeheul geweckt. Der Hubschrauber? Nein, es klingt anders, wahrscheinlich steigt den Hunden der Frühling zu Kopf. Als sie nach Minuten nicht aufhören und das Geheul übergeht in Bellen, sehen wir doch nach. Mit nur einem schnell übergeworfenen Pullover bekleidet, stehe ich in der Tür und blinzle im strahlenden Licht der Sonne. Nein, kein Hubschrauber zu sehen, aber dort, hinter der Stellage mit dem Seehundfleisch – ein Eisbär! Eindlich! Ich renne blitzschnell zurück, um meine Kamera zu holen.

Das schneeweiße Tier kümmert sich weder um die Hunde noch um uns, es schnüffelt interessiert herum, auf der Suche nach einem Leckerbissen. Der Bär schaut nach oben – von dort kommt der gute Duft –, richtet sich in voller Größe auf und rüttelt mit der Vorderpranke an einem Pfosten der Stellage, aber er kommt nicht an das Fleisch heran. Er gibt es auf, landet mit einem leisen Plumps wieder auf dem Schnee und findet dann den Holzblock, auf dem wir das Fleisch für die Hunde in Stücke zerhacken. Dort liegt noch etwas. Mit großer Genauigkeit greifen die riesigen weißbehaarten Tatzen im Schnee nach den Fleischresten.

Nachdem ich einen halben Film voll geschossen habe, lege ich die Kamera weg. Wie nah das Tier ist, wenn man nicht mehr durch den Sucher der Kamera schaut! Nur ungefähr fünf Meter von unserer Türschwelle entfernt, steht er nun stocksteif und sieht zu den Hunden hin, als würde er jetzt erst hören, wie sie toben. Sie springen hoch und zerren an ihren Ketten und bellen den Eindringling so laut sie können an. Was tut der hier, auf unserem Gelände, bei unserem Fleisch?

Er scheint einen Moment verstört und scheint zu überlegen; uns würdigt er keines Blicks. Dann steht sein Entschluß fest: er wird sich um diese laute Bande kümmern. Wer glauben sie wohl, daß sie sind?

Aber die Hunde schrecken nicht zurück. Trotz ihrer Ketten tanzen sie geschickt um ihn herum und weichen seinen Angriffen aus. Bamse beißt ihn sogar in den Schwanz.

Nils reicht es. Die Hunde sind tapfer, aber wo liegt die Grenze zur Tollkühnheit? Als der Bär sich gerade am Rande des Hunderudels befindet, verpaßt Nils ihm einen Schuß Schrot in den Hintern. Die winzigen Kugeln dringen nicht durch seinen Pelz, aber er erschrickt maßlos von dem Knall und dem scharfen Geruch von Schießpulver. Er rennt weg wie ein Hase.

Wir warten bis zum Mittag, ob er noch einmal wiederkommt, aber er läßt sich nicht mehr blicken. Nils möchte Langlaufen gehen, es wird Zeit, die gemütliche Hütte und unser warmes Bett gegen den Schnee einzutauschen. Die Hunde lassen wir zu Hause und machen uns auf den Weg in Richtung Krosspynten.

Das ist gar nicht so einfach. Nach kurzer Zeit steht mir der Schweiß auf der Stirn, während ich versuche, die Skier durch fünfzehn Zentimeter hohen Pulverschnee zu bewegen. Alle Kunststücke, die ich ungewollt auf meinen Skiern zum besten gebe – Skier gekreuzt, gedreht, Innenseite nach außen – beherrscht Nils auch.

Nur fliege ich danach unvermeidlich in den Schnee, aber er verliert sein Gleichgewicht nie. Er ist ein echter Clown. Ich erfreue mich an seinem Können und finde ihn schön. Der Eisbär kommt mir in den Sinn. Er muß auch irgendwo hier sein. Ich habe aber keine Angst mehr. Es ist hell und Nils ist bei mir. So ist es gut.

Im Norden, unweit der Hütte, befindet sich ein sanft ansteigender Hügel ohne allzuviel Geröll. Nils grätscht mit den Skiern und klettert – ein Fischgrätenmuster hinter sich lassend – in einem Rutsch zur Spitze empor. O Gott, und wie soll ich dort hinaufkommen? Während ich noch dabei bin, meine Kräfte für die Ansteigung zu sammeln, schießt er schon an mir vorbei und kommt abrupt hinter mir zum Stehen. Das sah gut aus! Also dann, los, den Hügel hinauf. Es kostet mich fünfmal stürzen, viermal wieder aufstehen und dann liege ich auf halber Strecke auf dem Boden – mit Beinen und Skiern in einem unentwirrbaren Knoten. Das sollte nun hoch genug sein. Nils setzt sich neben mich, und wir genießen die Aussicht über den Fjord. Der Schnee ist in Wirklichkeit gar nicht weiß. Er ist rot, wo die letzten Sonnenstrahlen widerspiegeln, in der Umgebung davon lachsrosa und im Schatten der Berge lila bis blau. Und die Luft hat alle Farben, wie ein Blumenmarkt am Samstag. Gemeinsam betrachten wir die Umgebung, gemeinsam genießen wir und wir küssen uns. Wie schön ist die Welt durch vier Augen gesehen! Welch ein Genuß, seinen Arm festzuhalten und ihn auf einen bizarren Eisberg hinter der Insel aufmerksam zu machen. Sein Körper nah an meinem sagt mir »Schön, nicht wahr?«.

Als die Sonne untergeht, klettert das Lachsrosa stetig an den Bergen entlang hinter uns empor. Sollen wir folgen? Nein, wir fahren besser den Hügel wieder hinunter. Auch das schaffe ich nicht ohne Unterbrechung.

Die Fahrt wird so schnell, daß mir mulmig wird und ich mich dann gleich in den Schnee setze. Unten angekommen, kämpfe ich mich durch den Pulverschnee nach Hause. Ich bin müde geworden.

Anders Nils, er ist völlig in seinem Element. Nur mit Knøtte an der Leine fährt er mit den Skiern auch noch nach Süden, die Fallen kontrollieren. Die hatten wir in den letzten Wochen etwas vernachlässigt.

Etwas verloren gehe ich in der leeren Hütte umher. Niemand da, der mit mir redet, an mir herumfummelt, niemand, den ich ansehen könnte. Keine Ablenkung. Ich bin wieder allein. Ich lasse mich auf der Bank nieder, und die gewöhnungsbedürftige Stille weicht einer Ruhe, die mich an bestimmte Momente aus der Zeit vor unserem Zusammensein erinnert. Es ist das Gefühl, Zeit zu haben für die Dinge, die sich hervortun. Alles, was ist, ist gut. Ich fühle mich ganz wach und aufmerksam und werde mir eines Teils meiner selbst bewußt, der offenbar zusammen mit Nils unter der Oberfläche bleibt. Es handelt sich dabei um jene Heleen, die unabhängig von den Trivialitäten des äußeren Lebens auf ihren eigenen Beinen steht und allein ihr Leben meistert, weil jeder Mensch letztlich allein für sein Leben verantwortlich ist. Zumindest für den Teil, der im Leben von Dauer ist.

Trotz unseres wunderschönen Zusammenseins habe ich diese Empfindung doch etwas vermißt. Es verleiht jedem beliebigen Moment zusätzlichen Glanz; man fühlt, daß man lebt, weil man ganz bei der Sache ist. Wie im Reflex greife ich zu Papier und Stift; der Brief an Rudolf.

Am Ende des Briefes ist von der Verwirrung des Tages zu lesen, an dem die Sonne wieder kam, danach bin ich nicht mehr dazu gekommen, weiter zu schreiben. Ich habe ihm noch erzählt, daß ich in den letzten Tagen so von Nils durcheinander war, als er noch N hieß; also beende ich zunächst einmal diese Geschichte. Ich möchte, daß er versteht, was hier vor sich geht, denn er ist mein Freund, vor dem ich keine Geheimnisse habe, den ich liebe. Ja, ich liebe ihn, das ändert sich durch Nils nicht. Ich ertappe mich manchmal dabei, wie ich – mit meiner Hand am linken Ohr spielend – Rudolfs Silberring zu ertasten suche, der einem Seemann ein Begräbnis garantiert, wenn er in der Fremde zu Tode kommt.

Meine Beziehung zu Nils sehe ich mehr als die Folge von Umständen. An einem anderen Ort, zu einer anderen Zeit wäre es mir wahrscheinlich nicht in den Sinn gekommen, mit ihm etwas anzufangen. Aber ich bin sehr froh darüber, daß wir (oder ich?) doch noch soweit gekommen sind. Erstaunlich, wie sich mein Gefühl für ihn um hundertachtzig Grad gedreht hat.

Der Weg war lang,
manchmal mühsam, eine einsame
Suche,
ein Herumirren in der Sehnsucht nach
einem Luftschloß;
manchmal ein fröhliches und ausge-
lassenes Spiel,
du wußtest ja: das ist eine Sackgasse.
Und dann, die Suche aufgegeben,
das Schloß endlich vergessen,
schlichtweg glücklich auf einem Weg
ohne Ziel
geht alles wie von selbst.
Es ist alles nur in unserem Kopf.

Und Nils hat es mit diesem widerspenstigen Mädchen ausgehalten ... Sechs Monate lange habe ich nicht gesehen, wer er ist, schlimmer noch, konnte ich ihn nicht so lassen, wie er ist. Wahrscheinlich konnte nur ein so unschuldiger Mensch wie er mir das erlauben. Das bewegt mich sehr. Wie habe ich mich über seine anspruchslose Art, über sein mangelndes Selbstvertrauen geärgert. Jetzt finde ich es wunderbar, wie er offenbar ganz selbstverständlich akzeptiert, wer ich bin, und mit Staunen genießt, was er hat: mich, so lange ich da bin. Alles hat wohl seine zwei Seiten.

Ich bedaure, daß es ziemlich lange dauern wird, bevor ich mit einer Antwort von Rudolf rechnen kann auf diese doch einschneidenden Ereignisse. Was wird er dazu sagen? Wie geht es ihm überhaupt? Ich schmachte nicht mehr so nach Post wie in den ersten Monaten, würde aber gern etwas von ihm hören. Im Frühling sind regelmäßig Hubschrauber unterwegs, um die Fahrer von Schneescootern im Auge zu behalten, aber Nils meint, sie würden weniger oft auf Austfjordneset landen als im Herbst. Ich habe keine Ahnung, warum, aber wir haben tatsächlich seit zwei Monaten keinen Besuch mehr gehabt. Wir werden bis Ostern warten müssen, bis das Eis und die Freunde von Nils mit dem Schneescooter nach Norden kommen.

Kurz vor Einbruch der Dunkelheit kommen Nils und Knøtte zurück. Sie haben einen Fuchs gefangen, einen blauen. Nils strahlt, als er mir das Tier zeigt. Es ist ein sehr schönes Exemplar und der seltenere blaue Polarfuchs bringt bis zu zweimal soviel ein wie der weiße. Richtig blau sind sie natürlich nicht, sondern eher dunkelbraun mit einem stahlblauen Glanz, wie das Sommerfell der jetzt schneeweißen Polarfüchse. Seine Beute beläuft sich nun insgesamt auf dreizehn Stück, und das ist sehr wenig. Letztes Jahr war auch schon nicht so toll. Es gibt aber Füchse, man sieht häufig ihre Spuren auf eine Falle zulaufen, eine Runde um die Falle drehen und sich dann wieder entfernen. Ich glaube, sie riechen, daß etwas nicht in Ordnung ist. Wir haben noch zwei Wochen Zeit, die Beute zu verdoppeln, denn am 15. März endet die Jagdsaison. Mir scheint aber, daß Nils die Hoffnung auf einen anständigen Jahresumsatz schon begraben hat. Er sieht nicht fröhlich aus, als ich ihn danach frage, und murmelt etwas von einer Brot- und Rentierfleischdiät für den kommenden Winter. Vorbei die Zeiten mit Cognac und Zigarren; das Thema neues Schlauchboot lasse ich lieber ruhen.

Ich sehe, wie Nils in tiefe Gedanken versunken ist. Was soll ich sagen? Ich kann nicht mehr zu ihm kommen, er ist so weit weg. Was weiß ich schon von dem Gefühl, das eigene Brot nicht mehr verdienen zu können? Und vielleicht die einzige Welt, in der man sich gut aufgehoben weiß, verlassen zu müssen? Was weiß ich schon von seinen Überlegungen, seinen Ängsten, seiner Hoffnung, außer dem, was ich mir selbst dazu habe einfallen lassen? Nein, wir sind immer noch ziemlich ungeübt, wenn es um gute Gespräche geht. Manchmal scheint es, als hätten unsere Worte dann nicht dieselbe Bedeutung. Niedergeschlagen starrt er vor sich hin, ich gehe auf ihn zu, setze mich auf seinen Schoß und küsse ihn. Ich kitzle ihn im Nacken und langsam werden seine Augen wieder klar und er ist wieder da, bei mir.

»Wie sieht deine Zukunft auf Austfjordneset aus?«

Er macht ein nachdenkliches Gesicht, aber seine spitzbübischen Augen verraten ihn. Er nimmt meine Brust und beißt mich zärtlich.

»Ich will ein Trapperbaby!«

Tja, und dann ist es bereits zu spät für ein ernsthaftes Gespräch.

Kurz vor Saisonende machen wir eine letzte Fahrt nach Flattøyhytta, wo wir alle Fallen aufstellen. Zum ersten Mal darf ich mitkommen zu dieser winzigen Hütte, in der angeblich nicht einmal ein Mensch Platz findet. Unser Vorhaben, frühzeitig loszuziehen, können wir nicht einlösen, aber das macht auch nichts. Wir sind guter Dinge, die Hunde sind ebenfalls bei Laune und eine von Dunst eingehüllte Sonne begleitet uns.

Anders als bei den Schlittenfahrten im Herbst läßt Nils die Hunde jetzt fächerförmig nebeneinander laufen. Als die Schlittensaison begann, waren die Hunde noch unruhig und ohne Teamgeist. Damals liefen sie in Zweiergruppen hintereinander. Jetzt sind sie an das Miteinander gewöhnt und im Schulter-an-Schulter-Laufen wird ihr gegenseitiges Konkurrenzgefühl entfacht. Nur Knøtte läuft in der Mitte um eine Schulterlänge voraus. An ihrer rechten Seite sind Skøyer und Troll eingespannt, zu ihrer Linken laufen Bamse, Cantoe und Wijde. Damit ist für Troll der Weg zu Cantoe abgeschnitten, denn die beiden mögen sich nicht sonderlich. Troll ist ein nerviger Quälgeist geworden, seit er im Dezember tagelang im Eis zugebracht hat, und er hat es vor allem auf den alten Cantoe abgesehen. Skøyer ist dagegen so verspielt und seelenruhig, bei ihm kann Troll gar nicht landen.

Es dauert dann eine ganze Weile bis jeder Hund seinen Platz kennt und liegen bleibt, damit sich die Zugleinen nicht ständig verhaspeln, und wir auf unseren Skiern neben dem Schlitten stehen, aber dann kann es auch schon losgehen. Der Wind hat den losen Schnee weggeblasen, es herrschen Traumbedingungen.

»Ayja, Ayja!«

Wir rasen dahin, immer schneller.

»Ayja!« rufen wir beide noch einmal, um die Hunde stärker anzutreiben, und wir lachen beide. Es läuft phantastisch!

Unterwegs stellt sich bald heraus, daß die Anordnung der Hunde doch nicht ganz ideal ist. Bamse will immer noch mit Wijde flirten und hat nur Augen für sie. Er versucht, mit seinem Kopf über Cantoe hinweg, ihre Aufmerksamkeit zu erregen. Cantoe läßt den jungen Don Juan gewähren und läuft unbeirrbar weiter, aber er ist ein zu großes Hindernis. Bamse ändert seine Taktik und springt hinter Cantoe über die Zugleine, damit er neben seiner Angebeteten laufen kann. Ausgelassen leckt er ihr über die Schnauze. Sie hat gute Laune und spielt mit. Aber nun wird Knøtte auf die beiden Turteltauben aufmerksam und möchte auch mitmachen. Sie vergißt ihre Führungsposition und wirft sich zwischen die beiden. Tja, und ohne die vorauslaufende Knøtte muß Skøyer sich doch auch nicht so abmühen.

Es wird das reine Chaos.

»Ho, ho, stopp!«

Der Schlitten kommt zum Stehen, und Nils macht den Hunden verärgert klar, daß jetzt Schluß ist mit diesem Durcheinander. Er klettert die Hügel in Richtung Küste hoch und kontrolliert zwei Fallen. Die Hunde sind aber nur vorübergehend von seiner Predigt beeindruckt. Amüsiert sehe ich zu, wie Bamse auf seinem Bauch wieder zu Wijde kriecht und das Liebesspiel fortsetzt. Skøyer hat nicht kapiert, daß er bei diesem Spiel unerwünscht ist, knurrend springt er auf seinen Bruder. Knøtte kann nicht länger zusehen. Wird sie nun gar nicht mehr beachtet? Sie legt sich mitten in das Hundeknäuel hinein auf den Rücken. Spiel mit mir, liebkose mich! Aber keiner reagiert auf sie.

Die soziale Struktur der Truppe ist mit einem Schlag verändert. Wijde ist Bamses Augapfel, und wo sich Bamse befindet, da ist Skøyer nicht weit. Diese drei sind wohl so gewichtig, daß die anderen ihnen folgen. Es sieht ganz danach aus, daß Knøttes Führung untergraben wird. Sie kann nur Wijde folgen und auf dem Rücken um deren Aufmerksamkeit betteln. So hat Bamses Liebe die kleine, schüchterne Wijde in den letzten Wochen zur Nummer eins des Gespanns gemacht.

Als Nils wiederkommt (mit einem Fuchs!), lassen wir Knøtte und Wijde die Plätze tauschen. Somit läuft Wijde an der Spitze mit Skøyer und Bamse neben sich. Und tatsächlich, es funktioniert. Irgendwie scheint Wijde sich ihrer Verantwortung bewußt zu sein. Sie beißt Bamse wütend weg, als er wieder nervt, und läßt das Gespann wie eine Einheit arbeiten. Nils ist erstaunt, auch er hat nicht geahnt, was sich in dem kleinen Kopf mit langen Ohren verbarg.

Die verbleibende Strecke läuft alles hervorragend. Wir finden noch zwei Füchse und Spuren eines Eisbären. Im Laufe des Tages hat sich die Sonne zwar wieder davongemacht, dennoch scheint es viel wärmer zu sein als in letzten Tagen. Wird es schneien? Dann wird es morgen schwer für mich, schließlich steckt mir der Hinweg schon in den Beinen. Sogar unter optimalen Voraussetzungen fällt mir eine so lange Tour nicht leicht. Aber ich will mich auf keinen Fall auf den Schlitten setzen.

Müde und verschwitzt erreiche ich schließlich Flatøyhytta. Im einsetzenden Dämmerlicht legen wir die Hunde an die Kette und geben ihnen ein Stück Fleisch. In der Hütte falle ich auf das schmale Bett und überlasse es Nils, den Schnee vom Ofen zu kehren, der durch ein Loch im Dach geweht kam, den Ofen anzuzünden und die Küchenkiste auszupacken. Ich kann nicht mehr. Ich kann zwar sagen, daß ich den Winter hier überstanden habe, aber als gestandene Person fühle ich mich noch nicht. Ich schaffe es noch, einen Teller Suppe zu löffeln, und dann rolle ich mich halb angezogen in meinem Schlafsack an Nils heran.

Am nächsten Morgen überrascht er mich mit einem Geburtstagskuß. O ja, natürlich, ich werde heute Zwanzig! Ich muß über mich lachen: Bis vor kurzem habe ich jeden Tag gezählt, und jetzt vergesse ich sogar meinen eigenen Geburtstag. Das ist ein gutes Zeichen.

Das Wetter sorgt nicht für ein Geschenk; der Rückweg ist eine Katastrophe. Niedrige Wolken hängen über dem Fjord, und es weht ein scharfer Südwind. Die Temperatur ist vermutlich bis knapp unter Null Grad Celsius gestiegen, denn die Schneeschicht auf dem Eis ist stellenweise feucht. Stundenlang arbeite ich mich bei Gegenwind durch die aufgeweichten Abschnitte, die natürlich ständig vor meinen Skiern auftauchen. Zu Hause angekommen fühle ich mich zu erschöpft für ein Geburtstagsfest, und außerdem haben wir keine alkoholischen Getränke mehr, wodurch es laut Nils sowieso nicht festlich werden kann. Wir beschließen, die Feier zu verschieben bis Hans nächste Woche zu Besuch kommt und Gott weiß, wer sonst noch. Toralf wußte beim üblichen Gespräch zu berichten, daß an Ostern auch Ragnar vorbeikommen wird, auf seiner Durchreise nach Mushamna. Seine Freundin kommt erst später.

Ach, ja, Ragnar ... wenn der wüßte, wie oft ich im vergangenen Winter sehnsuchtsvoll an ihn gedacht habe, wie sehr ich sein Kommen herbeigesehnt habe. Aber gut, das zählt jetzt alles nicht mehr. Ich amüsiere mich hier ganz ausgezeichnet, so gut sogar, daß ich bestimmt nicht weg will.

Am Karfreitag wird Nils wieder ähnlich nervös wie an dem Tag, an dem der Weihnachtshubschrauber kommen sollte. Er hat seine Haare gewaschen, überall aufgeräumt und in Erwartung des Besuchs aus Longyearbyen sogar den Boden geschrubbt. Nachdem die Hütte glänzt wie nie zuvor und auch die Werkstatt fein säuberlich aufgeräumt ist, für den Fall, daß dort jemand übernachten möchte, geht er unruhig auf und ab. Ständig erzählt er mir von seinen Freunden, ihren letzten Besuchen und den Mengen alkoholischer Getränke, die mit diesen Begegnungen einhergehen. Ich lasse ihn gewähren, gegen das große Ereignis »Besuch« komme ich doch nicht an. Es gelingt mir nicht einmal, ihn zu unserem Liebesspiel am Mittag zu verführen.

Bei Einbruch der Dunkelheit sind die erlösenden Scheinwerferlampen der Schneescooter immer noch nicht zu sehen. Das Fest muß warten.

Am nächsten Tag merke ich, daß Nils' Begeisterung sich auch auf mich übertragen hat. Ich habe Lust, mich gründlichst zu waschen, beende angefangene Briefe, damit ich sie für die Post mitgeben kann. Außerdem renne ich alle naselang nach draußen, um festzustellen, ob sie schon kommen. Schließlich werden wir beide ganz nervös.

Erst nach stundenlangem Herumalbern, Blödeln und miteinander Spielen wird unsere Geduld belohnt. Brummend kommen vier Schneescooter näher. Wer sind die Besucher? Ich bleibe ein wenig im Hintergrund stehen, als die vier wie Marsmännchen verkleideten Figuren die Scooter abstellen und sich von ihren Helmen und Mützen befreien. Es sind Hans und seine Frau! Die beiden anderen kenne ich nicht, aber Nils begrüßt sie überschwenglich; es dürfte sich um willkommene Gäste handeln. Eine kleine Flasche Whisky wird hervorgezaubert, die noch vor der Tür unter fröhlichem Lachen von Mund zu Mund wandert. Wir haben Besuch, und die Besucher sind nach acht Stunden endlich am Ziel angekommen. Darauf muß getrunken werden!

Als wir um den Tisch sitzen, herrscht eine gemütliche, warmherzige Atmosphäre. Sie haben jede Menge Alkohol dabei und Eier, Speck, Käse, Tomaten und Nüsse. Und Post! Schnell sehe ich die Umschläge mit den unterschiedlichen Handschriften durch. Rudolf? Nein, merkwürdig, von ihm ist kein Brief dabei. Mir bleibt zum Trauern keine Zeit, denn ich werde als Gastgeberin gebraucht. Die Herren hätten gerne Gläser.

Es fließt reichlich Alkohol, während die Neuigkeiten des letzten Jahres ausgetauscht werden. Und plötzlich richten sich alle Augen auf mich. Ja, wie ist es mir denn ergangen? Was sage ich nun zum Leben eines Pelzjägers? In etwas schwammigen Worten erkläre ich ihnen, daß es manchmal nicht einfach gewesen ist, daß es mir insgesamt aber gut gefällt. Wie soll ich ihnen erklären, daß …? Was habe ich ihnen überhaupt zu sagen? Ich habe keine vorgefertigte Zusammenfassung dessen, was ich hier erlebt habe. Hans sieht mein Problem und schenkt die Gläser nochmal voll.

»Auf Austfjordneset!«

Die kommenden Tage verbringen Nils und ich wie im Rausch. Nils, weil er ständig entweder betrunken ist oder einen schrecklichen Kater hat, und ich bin wie benebelt von der plötzlichen Anwesenheit so vieler Leute. Unsere kleine Hütte hat sich in eine Herberge verwandelt, in der ohne Unterbrechung Menschen auf Schneescootern ankommen, für eine unbestimmte Zeit bleiben und dann wieder abreisen. Ich koche Kaffee, unterhalte mich mit drei Leuten gleichzeitig über irgendwelche Themen, koche erneut Kaffee, verbacke Dutzende von Eiern und sitze betäubt auf der Bank, wenn mal gerade keiner da ist. Es kommt mir so vor, als wäre die Bevölkerung von ganz Longyearbyen auf Scootern unterwegs.

In meiner kleinen Welt der letzten Monate wurde ich sensibilisiert für meine Umgebung. Ich spüre ziemlich genau Stimmungen und Stimmungsänderungen. Aber jetzt kommt plötzlich so viel auf mich zu, daß ich kaum Schritt halten kann. Manchmal habe ich das Gefühl, mit dem Rücken an der Wand zu stehen. Die Hütte voller Menschen und alle bringen ihre eigenen Ideen, Gerüche und Stimmungen mit. Es wird mir zu viel.

Mitte der Woche betritt Ragnar plötzlich den Raum. Mein Atem stockt kurz. Das war der Mann meiner Träume … Er blickt sich in der Hütte um, hebt die Hand zum Gruß der anwesenden Leute, klopft Nils freundschaftlich auf die Schulter und wendet sich an mich.

»Hallo, Heleen. Danke für deinen Brief. Ich …«

Er weiß nicht so recht, was er sagen soll. Um den Stand der Dinge ohne viel Aufhebens klarzustellen, gehe ich auf Nils zu, lege meinen Arm liebevoll um ihn und heiße Ragnar willkommen auf Austfjordneset. Er versteht und nickt.

Leider kann er nicht lange bleiben, denn sein Freund und er wollen heute noch ein Stück weiter in Richtung Mushamna. Den Schneescooter, den er Anfang des Jahres für Nils gemietet hat, möchte er mitnehmen. Nils gräbt den Scooter aus dem Schnee, der sich hinter der Hütte aufgetürmt hat, und ich koche wieder einmal eine Kanne frischen Kaffee.

Ragnar nimmt natürlich auch Wijde und Troll mit … Für mich waren unsere Logiergäste immer wie eigene Hunde. Der Gedanke an einen Abschied stimmt mich traurig. Wijde war meine Freundin geworden. Und wie wird es Bamse ergehen, wenn sie weg ist? Auch Troll, der ewige Quälgeist, war doch ein lieber Kerl. Er war damals, als das Gespann abgehauen war, der erste, der zurückkam.

Ragnar hat auf seinem Schlitten, hinter dem Scooter, eine große Kiste gebaut, in der er die Hunde transportieren wird. Nach einer schnellen Tasse Kaffee holt er Troll und Wijde von ihrer Kette und befestigt sie an ihrem Schlittengeschirr in der offenen Kiste. Ich zögere, ob ich zu der Kiste gehen und beide noch einmal streicheln soll, aber Ragnar startet schon den Scooter und winkt. Entsetzt sehe ich, wie sie sich entfernen. Tschüs, Wijde, tschüs, Troll. Lebt wohl!

Bamse versteht noch nicht, was soeben geschehen ist. Ich lasse ihn eine Träne von meiner Wange lecken.

Nach einer Woche kehrt wieder Ruhe auf Austfjordneset ein. Zeit für eine Verschnaufpause zum Beine hochlegen. Von meinem Holzblock aus sehe ich auf das Durcheinander der vielen Scooterspuren im Schnee. Das also war der Knotenpunkt Austfjordneset auf dem Wijdefjorden Highway. In der wiedergekehrten Stille wirkt der Platz nun wie ein Schlachtfeld von außerirdischen Wesen. Ich hätte gern Schnee!

Nils läßt die vier übriggebliebenen Hunde los, damit sie frei herumlaufen können. Neugierig auf die vielen ungewohnten Gerüche untersuchen sie das Gelände. Bamse läuft direkt zu Wijdes altem Platz. Mit seiner Schnauze wühlt er zwischen dem Kot und Essensresten seiner Liebsten. Wo ist sie denn? Nach einer Weile holt Skøyer ihn ab, aber sein Bruder weiß ihn nicht abzulenken. Als letzte Erinnerung an seine charmante Freundin zieht er ihre Gerüche in seine Nase und schläft schließlich neben ihrer Kette ein.

Tage verbummeln ist ein sehr passender Ausdruck für diese Zeit. Nach dem Betrieb und dem Alkohol haben wir endlich wieder Zeit füreinander. Wir lieben uns ausgiebig und oft, lassen uns die letzten Eier mit den Resten an Gemüse schmecken und ruhen uns aus.

Nils will mich aufziehen und spricht norwegisch mit

mir. Hat er überhaupt bemerkt, daß ich manchen Gesprächen in der letzten Woche durchaus folgen konnte? Ich überlege noch, ob ich mitspielen soll. Es ist eine Herausforderung. Ach, warum denn nicht? Es ist etwas lästig, weil die Aussprache der Wörter oft ganz und gar nicht der geschriebenen Version ähnelt, die ich kenne. Wer kommt denn schon auf die Idee, um »skje« wie »schei« auszusprechen? Das muß aber sein, sonst wird niemand verstehen, daß von einem Löffel die Rede ist. Also wird nun jede Handlung, die wir ausführen, und jedes Ding, das wir anfassen, ins Norwegische übersetzt. Ich finde es lustig!

Später am Abend erinnere ich Nils an die Einladung seiner Freunde, sie zu Hause besuchen zu kommen. Mit dem Finger auf der Karte sehen wir uns die Strecke an. Wir müßten mit dem Hundeschlitten den Mittag-Lefflergletscher am Beginn des Wijdefjords überqueren, über den Billefjord nach Süden und dann über den Isfjord nach Longyearbyen. Vier Hunde sind nicht viel für einen vollbepackten Schlitten, aber Nils meint, es müßte gehen. Das dürfte nicht einfach für mich werden, doch ich will es wagen. Eine Woche mit den Hunden unterwegs, so stelle ich mir das wahre Eskimoleben vor. Dafür bin ich schließlich hier! Wir beschließen, uns in eineinhalb Wochen auf den Weg zu machen, vorausgesetzt, daß das Eis in gutem Zustand ist. Wenn wir zu lange zögern, müssen wir damit rechnen, daß das Eis auf dem Rückweg zu schlecht ist, und eineinhalb Wochen ist eine schöne Zeit für die Vorbereitung.

Am nächsten Tag klettere ich auf den kleinen Dachboden über der Werkstatt, auf dem Nils Rentier- und Seehundfelle aufbewahrt. Ich suche die Rentierhäute vom letzten Jahr. Sie haben lange draußen an der Wand zum Trocknen gehangen, und bevor sie als Matratzen benutzt werden können, ist es wichtig, die letzten Fettreste zu entfernen, damit sie geschmeidig werden. Auf dem Dachboden herrscht das totale Durcheinander. Das beantwortet auch die Frage, wo Nils den ganzen Plunder gelassen hat, als er hier kürzlich aufräumte, um Platz für die Gäste zu schaffen. Zerrissene Abfalleimersäcke mit alten Pelzen; ein halb präparierter Fuchs ohne Kopf, Eimer mit Löchern, ein Durcheinander aus Zugleinen und Einzelteilen vom Hundegeschirr. Natürlich finde ich, was ich suche, erst ganz zum Schluß in einer Ecke. Ich nehme die zwei größten Felle mit nach unten; die Sonne scheint bei minus fünfzehn Grad, fast behaglich nach einem so harten Winter.

Mit einem Messer und einem scharfen Stein bearbeite ich die Felle, als plötzlich das Geräusch von Schneescootern zu hören ist. Schon wieder Besuch? Mitten in der Woche? Ich sage Nils Bescheid und zusammen halten wir Ausschau, aber es gibt noch nichts zu sehen.

Nach einer Viertelstunde erscheinen sechs große orangefarbene Scooter, die jeweils nur einen Ski an der Frontseite haben, auf unserem Gelände. Es sind Russen. Was wollen sie von uns? Einer von ihnen kommt zögernd näher und fragt in gebrochenem Englisch, ob sie hereinkommen dürfen. Ja sicher. Sie sind willkommen. Zwischenzeitlich wurde die Sitzfläche eines Scooters hochgeklappt und ein Sendegerät wird hervorgeholt. Fasziniert beobachte ich, wie sie nun zwei Rollen Garn im Schnee ausrollen. Soll das als Antenne dienen? Es funktioniert sogar. Ich verstehe kein einziges Wort, aber ich nehme an, daß sie in ihrer Basis anrufen. Sie kommen aus Pyramiden, einem der russischen Minendörfer auf Spitzbergen.

Während ich versuche, den Mann mit dem Sender zu fotografieren – er weicht im entscheidenden Moment immer aus –, gehen die anderen schon mal in unsere Hütte. Ich folge ihnen und koche Kaffee. Sie haben ihre dicken Filzstiefel, die Pelzmützen und Jacken bereits abgelegt und sitzen zu sechst um den Tisch. Ordentliche, aber langweilige Kleidung, dicke Bäuche und runde, lachende Gesichter. Es erscheint ein großes Lunch-Paket auf dem Tisch, dessen Inhalt zunächst in mundgerechte Portionen geschnitten wird. Kurze Zeit später ist der Tisch überfüllt mit gekochtem Hähnchen, dicken Scheiben Speck, fettem, geräuchertem Fisch, Zwiebeln, Tomaten aus der Dose und knallgrünen selbstgezogenen Tomaten, eineinhalb Metern aufgerollte Wurst und großen Brocken eines gräulich aussehenden Brots, nach dem gierige Finger grapschen. Dazu gibt es mehrere Thermoskannen mit Tee, Hühnersuppe und – sehr wichtig – drei Flaschen Wodka, der großzügig ausgeschenkt wird. Wir stoßen auf ihr Dorf Pyramiden an, auf Gorbatschow und auf die Perestroika, auf mich und auf das gute Leben. Der Mann, der mich draußen als erster angesprochen hat, ist nach seiner Kleidung zu schließen der Chef. Er trägt Lederstiefel und ein klassisches Hemd statt eines Pullovers wie die anderen. Er möchte sich nicht setzen, ißt in Maßen und verfolgt im Stehen das Treiben am Tisch mit zufriedenem Blick.

»Helena, kommst du aus Norwegen?« fragt er mich.

»Nein, aus den Niederlanden.«

Ein verständnisloser Blick.

»Holland, Amsterdam.«

»Ah, Amsterdam! Ajax, Verkerk, Johan Cruijff!«

Laut lachend geben sie nun alles zum besten, was ihnen zu den Niederlanden einfällt, hauptsächlich die Namen von Fußballern, von denen ich noch nie etwas gehört habe. Darauf muß getrunken werden!

Ständig wird uns etwas zu essen angeboten, aber ich

für meinen Teil bin nicht so vernarrt in die russische Küche. Dann vielleicht Wodka? Na gut, ein bißchen noch. Sobald die Gläser halb leer sind, wird nachgeschenkt. Ich werde davon, vorsichtig ausgedrückt, ziemlich fröhlich.

Der Mann, der neben mir sitzt, ist ein witziger Typ, dessen Beine ungefähr zehn Zentimeter über dem Boden hin- und herbaumeln. Er ist sicher schon um die Sechzig, fast kahlköpfig, hat eine Stupsnase, rote runde Wangen und mustert mich schüchtern mit seinen Knopfaugen. Er bringt mich zum Lachen. Er erwidert das Lachen, zieht eine silberne Taschenuhr aus seiner Brusttasche und zeigt mir die zwei Wölfe, die darauf eingraviert sind. Der Geschichte, die er dazu erzählt, kann ich allerdings nicht ganz folgen, und sein Chef kommt ihm zu Hilfe.

»Mein Freund sagt ... von Vater Vater.«

»Ah, von seinem Großvater?«

Er nickt dankbar.

Nach einem weiteren Prosten und Trinken zeigt er auf unseren Kassettenrecorder.

»Tauschen?«

Gegen was? Die Uhr? Nein, lacht der Besitzer und schließt seine weiche Hand zur Faust. Aber für die eine übriggebliebene Flasche Wodka geben wir den Kassettenrecorder nicht her. Haben wir vielleicht Stempel?

Für jeden von ihnen stemple ich ein paar Seiten Schreibpapier mit unserem Austfjordneset-Stempel und bin selbst überrascht, daß ich nach dem Genuß von reichlich Wodka noch so gut stempeln kann. Sie finden das Geschenk toll und verstauen die Papiere sorgfältig. Im Gegenzug erhalten wir Anstecker mit der russischen Flagge und dem Bild von Lenin.

Als auch die letzte Flasche Wodka leer ist, brechen sie wieder auf. Zum Glück, ich kann kaum mehr gerade auf meinem Hocker sitzen. Ich bin froh, daß ich nun nicht hundert Kilometer auf einem Schneescooter zurücklegen muß. Die Russen sind hoffentlich daran gewöhnt.

Als wir wieder allein sind, lehne ich mich nahe an Nils und lade ihn ein, mit ins Bett zu gehen. Kleine Mädchen, die etwas getrunken haben, sind gefährlich.

Während der letzten Meter läßt meine Kraft schlagartig nach, wie immer. So als wäre die Energie für den Tag verbraucht und der Hahn abgedreht. Das Dach der Hütte am Mittag-Lefflergletscher war bereits seit geraumer Zeit gut zu sehen; diese Hütte war mein Ziel, bis dahin mußte ich es schaffen. Wir hatten Gegenwind und mußten zugleich gegen die eineinhalb Meter hohe Schneewolke ankämpfen, die der Wind vor sich herwirbelte. Das Eis war hart, ab und zu gab es einige aufgeweichte Stellen, an denen ich mit dem Schlitten kaum mithalten konnte. Durch meine Müdigkeit strauchelte ich häufig und fiel zurück, so daß ich gezwungen war, schneller zu fahren. Außerdem hatte ich einen Riesendurst, ich hätte heulen können. Aber heulen bringt nichts, anhalten auch nicht; es zählt nur eines: weiter, weiter, bis zu dem schwarzen Dach.

Jetzt sitze ich endlich drinnen auf dem Bett, bin aber unendlich ausgelaugt. Obwohl es in der Hütte ganz sicher ein paar Grad über Null sind, wird mir sehr kalt und ich friere. Meine Kleidung ist feucht oder besser gesagt naßgeschwitzt. Ich muß sie ausziehen, aber das ist so anstrengend. Ich möchte während dieser Fahrt gern ein Tagebuch führen und nehme mir vor, jeden Tag eine Eintragung zu machen.

Heute aber bin ich völlig leer und müde. Hundemüde. Dabei mußte ich doch gar nicht den schweren Schlitten ziehen! Der Schlitten ist vollgepackt mit Proviant für zwei Wochen für uns und für die Hunde. Außerdem haben wir eine Kochausrüstung, Kleidung, Schlafsäcke, zwei Rentiermatratzen, Reserveskier, Werkzeug und eine Kette, um die Hunde festzubinden, mitgenommen.

Die Hunde haben ihre Sache heute sehr gut gemacht. Bamse hat sich sehr erwachsen verhalten und Durchhaltevermögen bewiesen. Er hat sogar Knøtte zurechtgewiesen, die bei jedem Schneehügelchen glaubte, pinkeln zu müssen. Cantoe war nicht in Bestform, hat sich dennoch unermüdlich eingesetzt; und Skøyer, na ja, der nahm es nicht so genau. Er hat dauernd um sich geblickt, als wollte er vor allem die Schönheit der Natur würdigen. Zusammen sind die Hunde ein schönes Gespann. Hoffentlich schaffen sie es, den Schlitten morgen den Gletscher hochzuziehen; hoffentlich schaffe ich es, mich da rauf zu bewegen. Zum Glück müssen wir nicht bis zum Gipfel, aber sechshundert Meter finde ich auch genug. Ich fürchte schon das Schlimmste ...

Am nächsten Morgen sieht die Welt verzaubert aus. Die schroffe Gletscherwand ist in warmes Sonnenlicht getaucht. Sie wirkt wie eine glänzende blaue Zunge von mehreren Metern Länge, die sich durch die Berge gezwängt hat und sich in den Fjord ergießt. Die Oberfläche ist voller Spalten und Öffnungen, die mehrere Meter breit und wer weiß wie viele Meter tief sind. Über die seitliche Moräne überwinden wir das steinige, untere Ende der Gletscherwand, dann fahren wir weiter am äußeren Rand des Eisstroms entlang in größere Höhe.

Laut einer Theorie ist das Eis am inneren Rand stärker zusammengestaucht, damit welliger, und die Gefahr, daß sich Spalte und Risse gebildet haben, ist

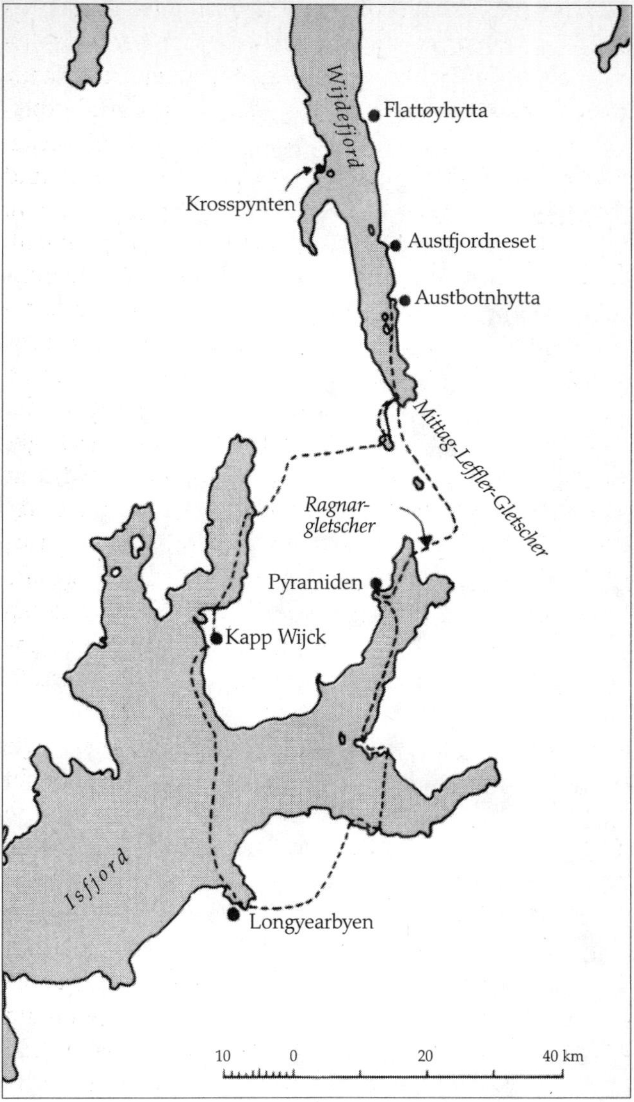
Wijdefjord
Flattøyhytta
Krosspynten
Austfjordneset
Austbotnhytta
Mittag-Leffler-Gletscher
Ragnar-
gletscher
Pyramiden
Kapp Wijck
Isfjord
Longyearbyen
10
0
20
40 km

größer. Am äußeren Rand aber, der sich länger hinzieht, bekommt das Eis mehr Platz und das Befahren ist so weniger gefährlich. Stimmt das wirklich?

»Wie kommen wir aus so einem Spalt wieder heraus?« frage ich Nils etwas ängstlich.

Ein Achselzucken.

»Ich weiß es nicht.«

Ich spüre, wie die alte Wut wieder aufflammt. Wir fahren auf einen derart riesigen Gletscher und er hat keine Ahnung, wie wir uns aus einem Spalt befreien könnten! Wie kann ich bloß mit so einem Mann …?

»Die Schneescooter sind auch sicher über den Gletscher gekommen. Wir müssen nur ihren Spuren folgen.«

Aber wenn die unter dem Schnee verschwunden sind? Nils versteht es nicht, mich zu beruhigen; er findet, ich mache mir unnötig Gedanken. Versteht er denn nicht, daß jemand die Dinge, die er tut, gern im Griff haben möchte? Spürt er nicht, daß ich Angst habe?

Er geht weg, um die Hunde einzuspannen. Nein, ganz offensichtlich ist ihm meine Beklemmung fremd. Ein bißchen verloren bleibe ich zurück und richte meinen Blick auf das blaue Eismonster. Diese Angst ist in mir, niemand kann das ändern … Ich muß dieses einengende Gefühl loswerden, bevor es zunimmt und mich völlig vereinnahmt.

Tief durchatmen. Also, in Gottes Namen eins, zwei, drei, und los; es wird schon gehen.

Und siehe da, es läuft wie geschmiert! Ich stehe sicher auf den Skiern, muß mich zwar sehr anstrengen, werde aber nicht müde und genieße es, so daß störende Gedanken an Spalte und Risse keine Chance haben. Der Boden beim ersten Abschnitt am Rand der Moräne ist sehr holprig und es liegen große Eis- und Steinbrocken herum. Nach einer Stunde entdecken wir einen geeigneten Übergang zum Gletscher. Der Gletscher ist an der Stelle nicht sehr steil, leider ist wenig Schnee liegengeblieben. Immer wieder rutschen meine Skier auf dem blauen Eis ab und letztlich müssen mich die Hunde hochziehen. Oben angekommen, sehen wir eine völlig andere Landschaft. Weiß und weit breitet sich die Eis- und Schneelandschaft vor uns aus.

Auf der gegenüberliegenden Seite, an der Innenseite, geht es steil hoch; dort sind viele Hügel und auch Spalten. Auf unserer Seite nehmen uns nur einige wenige Hügel die Aussicht auf den Gipfel. Voll guten Mutes machen wir uns daran, an Höhe zu gewinnen.

Die Wand ist jedoch steiler als erwartet. Die Hunde müssen Schwerarbeit leisten. In Knøttes Kurs nach oben schleichen sich immer mehr Abweichungen ein. Nils läßt das Gespann anhalten und schickt mich voraus. Schritt für Schritt klettere ich auf meinen Skiern nach oben. Die Sonne ist warm, ihre Strahlen werden vom Schnee gnadenlos reflektiert. Ich versuche, der kaum sichtbaren Scooterspur zu folgen und von der Anstrengung wird mir ganz schön warm. Nach fünfzig Metern bleibe ich stehen und warte, bis mir Nils mit den Hunden gefolgt ist. Jetzt hat Knøtte ein Ziel und erwartet, von mir freudig empfangen zu werden, das spornt sie an. Immer wieder klettere ich ein Stück weiter, bis wir endlich den ersten Punkt erreicht haben, an dem es wieder abwärts geht. Es ist zwar schade um den Verlust an Höhe, aber die Abwechslung tut gut und der Tempowechsel ebenfalls. Übermütig möchte ich Nils während der Fahrt küssen. Aufgrund des schönen Wetters und durch die harte Arbeit sind die Irritationen von heute morgen verflogen. Mit zitternden Knien ziehe ich mich an der Leine bis auf halbe Höhe an den Schlitten heran, beuge mich zu Nils, noch ein kleines Stücken … aber dann verläßt mich mein Gleichgewicht und ich falle auf den Schlitten. Au, meine Rippen! Erst im Tal gelingt es mir, mich wieder aufzurichten. Wir halten an, um uns nun wirklich zu küssen. Außerdem ist es Zeit für einen Schluck Tee aus der Thermoskanne und ein Stückchen Schokolade.

»Das ist das schöne Leben«, freut sich Nils.

Ja, es ist wunderbar; und es wird noch besser dadurch, daß wir uns ab und zu küssen können.

Ein paar Stunden später haben wir auf dreihundertfünfzig Meter Höhe unser Zelt aufgebaut. Mit den beiden Rentierfellen, den Schlafsäcken und der Kiste mit der Kochausrüstung ist das Eineinhalb-Personen-Zelt allerdings übervoll. Auf Ragnars Anraten hat Nils eine Öffnung in das Dach geschlitzt, damit die Feuchtigkeit der verschwitzten Kleidung und vom geschmolzenen Schnee entweichen kann. Eine gute Idee. Die Fertig-Hamburger, die Hans uns hinterlassen hat, haben scheußlich geschmeckt, aber das trübt die Idylle nicht. Die Sonne scheint immer noch – es ist bereits zehn Uhr abends – und wir liegen gemütlich in unserem Zelt. Ein grüner Fleck in einer fast außerirdischen Welt. Habe ich je gedacht, auf Hunderten Metern dickem, uraltem Eis mit einem Mann zu schlafen?

Habe ich nicht immer schon mal mit einem Mann schlafen wollen auf uraltem, mehrere Meter dickem Eis?

Wir werden schwitzend wach. Ich muß hinaus, pinkeln, und zwänge mich aus meinem klitschnaßen Schlafsack. Draußen ist es kaum kühler. Das Thermometer auf dem Schlitten zeigt minus drei Grad an. So warm? Als wir vor zwei Tagen aufbrachen, waren es noch minus fünfundzwanzig Grad. Nils ist nicht begeistert von dieser Entwicklung. Wenn es so warm ist, kondensiert die feuchte Luft über dem kalten Gletscherkomplex und bildet Wolken. Noch ist die Bewölkung hoch, aber vielleicht werden wir bald in Nebel eingehüllt …

Wir packen schnell unsere Sachen und machen uns auf. Es geht wieder aufwärts, aber noch steiler als gestern, so daß wir uns für die Zickzack-Methode entscheiden. Unser System, bei dem wir abwechselnd aufsteigen und dann aufeinander warten, hält uns bei Tempo. Wenn ich vorwärts klettere, ist meine Welt nicht größer als die fünfzig Meter über mir, wenn ich dann auf meine Stöcke gelehnt verschnaufen darf, bin ich jedesmal wieder erstaunt über den Anblick dieses gigantischen Eisflusses mit den abfallenden Moränenhügeln an seinen Ufern und über die bizarren Berggipfel, die aus extrem harter Erdkruste bestehen. Das Material ist so hart, daß auch die Eismassen es in den letzten Millionen Jahren nicht glattschleifen konnten. Das ist die Erde in ihrer reinsten Form.

Ziemlich genau um die Mittagszeit weicht die steile Bergwand an unserer rechten Seite. Hier beginnt der Ragnargletscher und das bedeutet für uns: wieder hinunter. Auf der Karte sieht es beängstigend steil aus. Wie soll man da den Schlitten noch halten können? Rast er dann nicht über die Hunde hinweg? Das Ding hat so etwas ähnliches wie eine Bremse und zwar in der Form eines eisernen Bügels, der an elastischen Bändern an der Rückseite des Schlittens befestigt ist. Wenn man die Stifte auf der Unterseite des Bügels in den Schnee drückt, müßte das an sich bremsen. Ich bin mir da aber nicht so sicher. Von dort, wo wir uns befinden, kann man nicht den ganzen Abhang überblicken, es gibt eine Stelle, an der es steiler ist als an dem Abschnitt, der vor uns liegt. Wo ist diese Stelle und wie steil ist steiler?

Wir besprechen noch die geeignete Vorgehensweise – Nils zieht den geraden Weg nach unten vor, ich möchte gern zickzack fahren – als plötzlich drei Schneescooter den Hang hochkommen. Nach der orangefarbenen Viereck-Bauweise zu urteilen, dürfte es sich um Russen handeln. Ich hebe meine Hand und winke mit meiner Mütze.

»Helena, Helena!« rufen zwei von ihnen gleichzeitig.

Es sind unsere Freunde von letzter Woche. Erfreut über die unerwartete Begegnung tauschen wir Süßigkeiten aus, und ich nutze die Gelegenheit mit Händen und Füßen zu fragen, welcher Weg nach unten der beste ist. Viel Russisch, zwei Wörter Englisch und sehr betonte Gesten; daraus schließen wir, daß wir uns am besten links halten und daß wir keine unerwarteten Rutschbahnen zu befürchten haben. Das ist sehr schön.

Am besten gar nicht nachdenken, sage ich mir und schon geht's los. Die Hunde finden es toll und sprinten nach vorn. Schneller, immer schneller. Ich hänge mit meinem ganzen Gewicht an der Bremse und abwechselnd ziehen wir den Schlitten fast quer über den Hang. Mit schwindelerregendem Tempo rasen wir dahin. An beiden Seiten fliegt Schnee hoch, mir ins Gesicht; vom Fahrtwind tränen meine Augen. Aber es klappt gut! Berauscht von der Geschwindigkeit und den wahnsinnigen Kräften kann ich nur noch ganz laut lachen.

In einer halben Stunde fahren wir aus sechshundert Meter Höhe hinunter ins Tal. Die sechshundert Meter, die wir auf der andern Seite des Gletschers in zwei Tagen mühsam erklommen haben. Im Flußbett, am Fuße des Gletschers, kommen uns die Russen nach. Sie zeigen uns, wie man noch weiter hinunter fahren kann.

»Ghaus, ghaus, one kilometer – coffee!«

Das klingt gut …

Es werden letztlich zehn Kilometer, die sich unendlich lange über schlechtes Fjordeis hinziehen, bis wir endlich eine Hütte am Rande von Pyramiden erreichen. Kaffee gibt es dort leider nicht. Wir werden aber von mehreren Leuten erwartet. Was hat das zu bedeuten? Man bittet uns noch eine Runde mit dem Hundeschlitten zu drehen – für Fotos! An der Türschwelle steht jemand mit Seife, einer Schale Wasser und einem Handtuch bereit, um unsere Hände zu waschen. Mit sauberen Händen, aber nach Schweiß, Hunden und Speck riechend, betreten wir die Hütte. In einem großen Raum ist ein kaltes Buffet vorbereitet, das keinen Zentimeter des Tisches frei läßt. Ein überwältigender Anblick. Wir setzen uns. Die anderen Gäste sind elegant gekleidet, manche Frauen sogar im Abendkleid. Was mache ich hier? Zum ersten Mal seit Monaten frage ich mich, ob ich vielleicht stinke! Aber für solche Fragen bleibt keine Zeit: Wir müssen anstoßen!

»Pyramiden!« rufen alle laut.

Ja, das kommt mir bekannt vor. So fing es letzte Woche auch an.

Es stellt sich heraus, daß mein Nachbar gut Englisch spricht. Er kommt aus der Tschechoslowakei und ist Journalist. Die anderen Leute, die um diesen Tisch sitzen, stammen aus den übrigen Ostblockländern. Aber er möchte nun wirklich nicht über seine Kollegen sprechen, sondern über mich. In seiner Geschichte über Spitzbergen soll das Pelzjäger-Mädchen ganz groß rauskommen, verspricht er mir.

Ich erzähle zusammenhanglose Begebenheiten und esse ein wenig, um den Wodka auszugleichen, denn egal wieviel ich trinke, mein Glas ist immer voll. Zur Nachspeise wird mit lebhaften Gebärden eine weitere Flasche auf den Tisch gestellt: echter armenischer Cognac. Und damit verbindet sich eine Tradition: vor dem Anstoßen muß die Nationalhymne gesungen werden. Der tschechische Journalist rechnet mir schnell vor, daß wir mit mindestens neun verschiedenen Nationalitäten an diesem Tisch sitzen …

Nacheinander singen sie voller Überzeugung und mit stolzer Brust die schönsten Lieder; es schwingt ein Stolz mit, den ich für mein Vaterland noch nie empfunden habe. Glas um Glas muß geleert werden, und als ich mit einem Trinkspruch an der Reihe bin, kann ich mich beim besten Willen nicht mehr an das »Wilhelmus« erinnern – auch nicht an die erste Zeile. Dieses armenische hochprozentige Zeug … man kann es kaum trinken, aber betrunken wird man schnell. Was soll's, niemand kennt das »Wilhelmus«. Ich trage sehr feierlich »Poesje Mauw« [Anm. d. Ü.: ein niederländisches Kinderlied] vor und stoße auf die russische Gastfreundschaft an. Man ist beeindruckt.

Später unterhalte ich mich eingehend mit einer Journalistin über die Stellung der Frau in der DDR und auf Spitzbergen. Sie spricht mich immer auf meinen Ehemann an. Wenn sie wüßte … Wo ist Nils eigentlich? Er ist auf einem Stuhl in der Ecke der Hütte eingeschlafen. Ich überlege kurz, ob ich zu ihm gehen soll, aber ein Blick in den Raum zeigt mir, daß alles anfängt sich zu drehen, und es dürfte nicht ganz ungefährlich für mich sein, jetzt den Raum zu durchqueren.

Am nächsten Morgen liege ich kotzend auf der Türschwelle. Es regnet. Mir fällt ein, daß ich gestern dem Journalisten aus der Tschechoslowakei erzählt habe, daß die Arbeit meines Vaters etwas mit Raumfahrt zu tun hat. Er erwiderte sehr interessiert »O ja?« und machte eine Notiz. Er wird doch nicht … ist er ein Feind? O Gott, man stelle sich vor, dann hätte ich meinen eigenen Vater ausgeliefert! Mit Gänsehaut krieche ich wieder in meinen Schlafsack, aber ich fühle mich zu elend zum Schlafen. Fragezeichen spuken wie böse Geister durch meinen

Kopf. Was habe ich sonst noch erzählt? Warum habe ich es zugelassen, daß so viel Alkohol in mich gegossen wird? Und wenn er nun etwas mit dieser Information macht, wie kann ich mir dann jemals verzeihen?

Zwei Tage später sind wir nur drei Kilometer vorangekommen. Wir halten uns in einem Hotelzimmer in Pyramiden auf, weil immer noch dieses verdammte Tauwetter ist. Gestern hat es sogar den ganzen Tag genieselt. Das tagelange Nichtstun macht mich ganz unruhig und bringt mich ins Grübeln über den weiteren Verlauf der Reise. Die Eisverhältnisse werden stündlich schlechter, und würden wir trotzdem aufbrechen und dann in nassen Klamotten von Temperaturen unter Null überrascht, wir würden erfrieren. Wir müssen warten, bis es kälter wird. Nur, wie lange muß es frieren, bis das Eis wieder sicher trägt? Ich habe Angst vor schlechtem Eis; schließlich habe ich die beiden, die im Januar durch das Eis gebrochen sind, noch nicht vergessen, und ich glaube, dieser Mann hatte viel mehr Erfahrung als Nils. Wie lange sitzen wir hier noch fest? Es soll wieder Winter werden!

Zur Abwechslung regt Nils sich mal nicht auf. Wahrscheinlich hat er sich an der Blümchentapete noch nicht satt gesehen, denn er ist nach wie vor ganz entzückt von unserem Hotelzimmer.

Wir haben ein Bett, einen Schrank und einen Tisch auf dem ganz ordentlich zwei Tassen, eine Schale Tee, eine Zuckerdose und ein Tauchsieder stehen. Dazu bietet das Zimmer ein Radio, das aber nichts von sich gibt außer einem nie endenden Vortrag einer russischen Dame; jedenfalls kein für uns verständlicher Wetterbericht.

Durch die Fensterscheibe kann ich ein großes beleuchtetes Thermometer sehen, das aber nicht unter zwei Grad Celsius klettern will. Die Straßen sind schmutzige Schlammlöcher und der noch vorhandene

Schnee ist weit und breit mit einer Schicht schwarzen Kohlenstaubs bedeckt. Hinter den viereckigen Betongebäuden laufen drei Transportbänder den Berg hoch zu den Minen. Es sieht grau und trostlos aus. Ich kann die Hunde nicht sehen, sie liegen am Fjord an der Kette. Als ich vorhin vorbeiging, saßen sie ganz jämmerlich da und ließen ihre Blicke über das schwarze Eis schweifen.

Jemand klopft an der Tür. Es ist der Mann, der uns zu diesem Hotel gebracht hat.

»Sauna?«

Hm, das ist eine gute Idee. Im Auto bringt er uns an den Rand des Dorfes, wo die Bergwerkszentrale steht. Im Gang eines Nebengebäudes müssen wir kurz warten bis die anwesenden Russen die Sauna verlassen haben, dann dürfen wir hinein.

Zuerst unter die Dusche. Die erste Dusche seit sieben Monaten! Welch ein Genuß, unter dem warmen Strahl zu stehen, Wasser, das immer weiter und weiter fließt ... Ausgiebig planschen wir in den verschiedenen Bädern, bis wir mehr als sauber sind. Ein unbekanntes, herrliches Gefühl. Angezogen gehen wir unsicher hinaus. Was jetzt?

Derselbe Mann kommt bereits wieder auf uns zugelaufen.

»Essen?«

Ich muß wirklich die aufmerksame Art und Weise bewundern, in der man sich hier um Gäste kümmert. Meine Unzufriedenheit wegen des Wetters ist verschwunden, ich genieße dieses Stückchen Rußland im hohen Norden.

Die achthundert Einwohner – unter ihnen achtzig Frauen – leben in einer Art Kommune. Es gibt keine Geschäfte, gegessen wird in der Kantine. Das Kantinengebäude ist eines der wenigen im Dorf, das in fröhlichen Farben angemalt ist. Einige Männer-Grüppchen stehen mit Zigarette am Treppenabsatz und sehen interessiert auf die unbekannten Besucher. Der Speisesaal sieht überraschend gemütlich aus. Vor einem Hintergrund aus Fliesenmosaik sitzen Männer lebhaft diskutierend an kleinen Tischen. Auf einer Balustrade an der anderen Seite befinden sich Tresen, auf denen auf gestickten Deckchen allerlei Spezialitäten feilgeboten werden. Viel Kaviar, verzierte Marmeladentöpfe und Teedosen. Fasziniert von diesem Anblick stellen wir uns in die Schlange und warten auf unser Essen.

Unsere Teller werden mit Spaghetti und Frikadellen gefüllt und aus einem Kupferhahn strömt Birnensaft in unsere Gläser. Ich kann mich kaum auf das Essen konzentrieren, es gibt so viel zu sehen!

Ich verdamme mich selbst. Ich hätte Nils' Vorhaben, abzufahren, nicht zustimmen dürfen. Im Eis befinden sich viele Risse, offenes Wasser, stellenweise bis zu einem Meter breit. Jetzt ist es zu spät. Nils will nichts hören von Umkehren.

Das Thermometer stand am Morgen auf null Grad und dazu eine tiefhängende Bewölkung. Ein Zeichen für kälter werdendes Wetter? Ich war das Nichtstun leid und dachte an die vielen Male, da meine Angstvisionen sich nicht verwirklichten, die Male, an denen es dann halb so schlimm war. So würde ich auch die Fahrt über den Fillefjord überleben, sagte ich mir.

Jetzt kommen mir Zweifel. Der erste Spalt, den wir sahen, war ziemlich schmal und man konnte aus der Entfernung sehen, daß der Eisrand noch ziemlich dick war. Ich habe mir selbst eingeredet, daß es kein Grund zur Sorge ist, wenn unter meinen Skiern plötzlich zehn Zentimeter unheilvoll schwarzes Wasser fließen. Der zweite Spalt war allerdings schon breiter als unsere

Skier lang sind. Es gab keine Möglichkeit, das Loch zu überwinden. Wir haben eine halbe Stunde gesucht, um eine Stelle zu finden, an der die Öffnung schmaler war. Nervenaufreibend.

Wir fahren mit zwanzig Meter Abstand an einem neugeborenen Seehündchen vorbei, ich wage aber nicht, den Schlitten loszulassen, um ein Foto zu schießen. Angst beherrscht meine Gedanken. Ich kann an nichts anderes denken als die Kilometer Eis, die noch vor mir liegen. Ist es wirklich Eis? Vor uns, am Ende des Fjords, befinden sich ein paar kleine Inseln. Aufgrund der Strömung, die dort herrscht, ist das Eis noch schlechter als anderswo. Die Berge, die den Fjord begrenzen, stehen senkrecht im Eis ... Weiter, quer durch ist der einzige Weg.

Ist es Einbildung oder bewegt sich das Eis tatsächlich auf und ab? Nein, sieh doch, Knøtte spürt es auch. Sobald Bewegung in den Eisteppich kommt, versucht sie, mit dem Körper nah am Boden zur Seite auszuweichen.

O Gott, wie kommen wir hier bloß durch?

»Nils, das Eis bewegt sich!«

Er sieht weiter mürrisch vor sich hin.

»Hmhm.«

Es bringt mich zur Verzweiflung. Jeder Muskel und jeder Nerv verkrampft in äußerster Anspannung und so schiebe ich mich weiter über das Eis. Ist dort ein Spalt? Verschiebt sich das Eis? Aber ich sehe und fühle nichts. Höre ich – ich höre ein Knacken!

Der einzige Ausweg ist Weitermachen.

Nach einer Ewigkeit erreichen wir den erlösenden Strand. Ich bin ein Nervenbündel. Ich hatte nicht mehr geglaubt, daß wir es schaffen würden. Es ist vorbei, ich habe wieder Land unter den Füßen.

Wir stellen das Zelt für die Mittagspause auf. Die warme Suppe bringt mich wieder auf die Beine, und ich schmiege mich fest an Nils. Ich versuche, ihm zu erklären, wie benommen vor Angst ich war und daß ich ein tröstendes Wort oder eine liebevolle Geste gut hätte gebrauchen können. Er kann es aber nicht nachvollziehen, und ich habe nicht mehr genug Kraft, im Detail auszuführen, wie dieses selbstsichere Mädchen manchmal durch etwas so Rätselhaftes wie Angst den Boden unter den Füßen verliert. Nils verspricht, es sich zu merken, und ich schlafe erschöpft ein ... ich habe es überlebt.

Nach weiteren zwanzig Kilometern kommen wir am Sommerhaus von Freunden von Nils an. Das Eis auf dem Isfjord war superschnell und bewegte sich zum Glück nicht. Ich war aber noch so müde von der Anspannung während des ersten Wegabschnitts, daß ich kaum mehr von der Fahrt mitbekommen habe, als daß ich einen Ski vor den anderen schieben mußte.

Die Hütte ist sehr luxuriös gebaut. Es gibt natürlich weder fließendes Wasser noch Strom, aber die Holzarbeiten an den Wänden sind aufwendig verziert, es gibt schöne Vorhänge, dicke Teppiche auf dem Boden, eine Couch und ein herrlich großes Bett mit sauberen Laken. Wir bleiben einen Tag, weil Nils wegen Hundefutter jagen gehen möchte. Ich liege währenddessen den ganzen Tag auf der Couch und arbeite mich durch den Stapel Donald-Duck-Hefte, den ich in der Küche fand. Morgen die letzten vierzig Kilometer bis Longyearbyen.

Der Weg, der zu einer noch aktiven Kohlenmine führt, ist der erste Hinweis, daß wir fast am Ende unserer Reise sind. Zum großen Erstaunen von Bamse und Skøyer fahren hier regelmäßig Lastwagen auf und ab, die die Kohlen zum Hafen bringen. Beim Anblick der Kolosse fallen ihnen beinahe die Augen aus dem Kopf und sie versuchen hinterherzurennen. So etwas haben sie noch nie gesehen.

Wir haben vor, den Schlitten bei der Kneipe am Ende des Dorfes abzustellen und erst mal ein großes Glas Bier zu trinken. Wir sind die Cowboys des wilden Nordens! Aber je weiter wir uns dem Dorf nähern, desto schlechter wird der Schnee. Und schließlich stecken wir in einem Schlammloch neben der Hauptstraße fest. Tja, was bleibt von einem Eiscowboy übrig, wenn es taut? Aber, wie immer in einem kleinen Dorf, kommen im richtigen Moment die richtigen Leute vorbei: Hans mit einem kleinen Bus!

Wir laden die Hunde und den Schlitten ein und fahren auf vier Rädern auf ein Glas Bier in die Wohnung von Hans.

Die zivilisierte Welt … Nach so langer Abwesenheit betrachte ich sie reserviert und es dauert, bis ich mich wohl fühle. Diese Welt besteht für mich aus vielen Menschen, viel sauberem Wasser und viel Alkohol. Und aus einem Telefon. Am ersten Tag rufe ich meine Mutter an, und dann sehe ich den Apparat lange an, bevor ich mich dazu entschließe, Rudolf anzurufen. Ich habe nichts mehr von ihm gehört, seit meinem Brief, in dem ich ihm von Nils erzähle.

Als ich ihn dann schließlich anrufe, entwickelt sich ein eigenartiges Gespräch. Wir sind distanziert. Nach den Geschichten über das Schiff, auf dem er gearbeitet hat, erzählt er stockend, daß er eine neue Freundin hat, Sascha. Und in seinen Augen ist unsere Beziehung nicht mehr existent, da wir uns beide neu gebunden haben. Das will ich aber gar nicht! Ich finde es nicht so schlimm, daß er jetzt eine andere Freundin hat, ich schlafe ja auch mit einem anderen. Aber er versteht offensichtlich nicht, wie ich zu Nils stehe, und daß er mir immer noch mehr bedeutet, und das trifft mich.

Eines der Schlüsselwörter für meine Beziehung zu Nils ist »nett«. Zusammen auf Tour mit den Hunden zu sein ist phantastisch und so viel netter als vorher. Hier in Longyearbyen gehen wir gemeinsam zum Friseur, ins Bad, wir gehen essen und besuchen Partys. Wir haben einen Riesenspaß miteinander. Und, was vielleicht das Wichtigste ist, wir gehen sehr gern miteinander ins Bett. Im Bett sind wir wie füreinander gemacht. Und darauf basiert unsere Beziehung.

Aber es ist bezeichnend, daß ich das beste Gespräch seit Monaten während eines Festes mit einem Freund von Nils führe. Und mit Merete, einem Mädchen, das mit ihrem Freund vierzig Kilometer südlich von Longyearbyen in einer Hütte wohnt. Wir haben sie mit dem Schneescooter besucht, und während dieser Fahrt habe ich noch unbekannte Seiten von Nils kennengelernt.

Als wir fertig zum Aufbruch waren, habe ich ihn gefragt, ob es sinnvoll wäre, einen Strick oder Bänder mitzunehmen, man kann ja nie wissen, wozu es gut ist. Aber er wollte losfahren und fand es nicht notwendig. Auf halber Strecke riß dann das Seil, an dem die Benzinkanister auf dem Schlitten festgebunden waren, und ein Strick oder Band wäre sehr hilfreich gewesen. Jetzt mußten wir einen Kanister hinterlassen, weil wir ihn nicht festbinden konnten. Ich fahre wegen solcher Dinge nicht mehr aus der Haut, man gewöhnt sich ja daran, aber ich finde ihn in solchen Dingen so ungeschickt. Auf dem Rückweg nahmen wir ein paar Sachen von Merete mit, die er so nachlässig am Schlitten festband, daß wir schon nach zehn Minuten halten mußten, weil die Hälfte fast heruntergefallen wäre.

Soll ich diese Dinge einfach nicht mehr sehen oder sie nicht störend finden? Aber wenn mich das alles kaltlassen soll, dann kann ich ja auch mit irgend jemand eine Beziehung haben; was hat es dann schon für einen Wert?

Ich vergegenwärtige mir noch einmal, wie geschickt Rudolf mit Schlauchbooten fahren konnte, wie er als Matrose den Anker runterlassen durfte, und mein Herz schwillt an. Auf ihn bin ich stolz! Ich weiß nicht einmal genau, warum, aber ich brauche das.

Doch ich sollte die Gedanken an Rudolf besser ruhen lassen. Im nächsten Sommer ist er wieder auf der *Plancius* dabei. Vielleicht kann ich ihn von uns überzeugen, wenn wir wieder zusammen sind? Ich bin jetzt mit Nils hier und ich darf die beiden nicht miteinander vergleichen.

Nach einer Woche wird es Zeit, wieder nach Hause zu fahren, denn wenn der Mai einmal gekommen ist, ist das Eis für längere Fahrten nicht mehr sicher genug. Und ehrlich gesagt, reicht es mir auch wieder, die Feste und die mir unbekannten Menschen, die mich für eine kleine Plauderei ansprechen, ebenso die Fernsehbilder, die Bulldozer inmitten von Plätzen voller Menschen, Hysterie in Fußballstadien oder Kriegsopfer zeigen. Ich sehe das mit Erstaunen und Entsetzen. Es kommt mir nur ein Gedanke, daß die Menschheit krank ist. Es stört mich nicht, den Luxus hinter mir zu lassen und mich wieder der Ruhe und dem Frieden auf Austfjordneset zuzuwenden.

In den letzten Tagen war einigermaßen kaltes und stabiles Wetter, also wagen wir es, den vierzig Kilometer breiten Isfjord zu überqueren, um Toralf in seiner Hütte auf Kapp Wijck zu besuchen. Er sieht genauso aus, wie man sich einen Pelzjäger vorstellt. Große Gestalt, ein wilder Bart und strubbeliges Haar. Fahle Klamotten ohne erkennbare Form hängen an ihm. Aber er ist fröhlich und schließlich auch kein Fremder. Wir kennen einander schon gut. Es enttäuscht ihn, daß wir nur einen Tag lang bleiben. Wir wollen nach Hause.

Wir arbeiten uns noch vier Tage lang durch eine desolate Landschaft. Es ist viel Schnee gefallen und die Hunde kämpfen sich – bis zum Bauch im Schnee – durch. Es tut gut, wieder mit unserer Familie unterwegs zu sein in der Welt, in der wir zu Hause sind.

Lässig nach hinten gelehnt sitze ich auf dem Schlitten und beobachte Nils durch das Fernglas. Er gleitet in seinem weißen Tarnanzug ungefähr einen Kilometer von mir entfernt über das Eis auf einen Seehund zu. Die Seehunde sind wachsam und auf der Hut vor Eisbären. Schon beim geringsten Geräusch oder einer plötzlichen Bewegung huschen sie in ihr Atemloch und verschwinden unter dem Eis. Nils kriecht jetzt auf dem Bauch, das Gewehr hinter sich, denn es ist dunkelbraun. Er wagt sich nicht näher als ungefähr fünfundsiebzig Meter an den Seehund heran. Insgesamt gibt es in dieser Saison weniger Seehunde als in den letzten Jahren. Unser Vorrat an Fleisch muß dringend vergrößert werden.

Die Hunde habe ich mit der Zugleine an einem Eisenbolzen, der im Eis steckt, festgebunden, damit sie sich nicht in die Jagd einmischen, und ich warte auf ein Zeichen von Nils. Heute nachmittag war es zum Jagen noch zu neblig, aber gegen Abend wurde es zunehmend klarer, so daß wir an die Arbeit gehen konnten. Nun ja, so daß Nils an die Arbeit gehen konnte. Ich halte ja nur die Hunde und sitze auf dem Schlitten. Es ist hell. Die Sonne scheint sogar im Norden.

Ich werfe wieder einen Blick durch das Fernglas: Nils ist aufgestanden, der kleine schwarze Punkt, auf den er sich zubewegt hat, ist weg. Durch das Visier seines Gewehrs hält er Ausschau nach einem neuen Opfer in der Umgebung, und das zeitraubende Schauspiel bestehend aus Anpirschen und Kriechen beginnt aufs neue.

In der letzten Woche war es uns gelungen, einige Seehunde zu erwischen. Sie verlieren jetzt ihren Winterpelz, und somit sind die Felle nicht brauchbar. Nils hat sie in einen wenig tiefen Spalt in dem dicken Eis nahe der Hütte geworfen, damit die Hunde nicht von dem Speck fressen können, wenn sie frei laufen. Heute scheint ein vielversprechender Tag zu werden und wir haben vor, die Felle auf dem Eis zurückzulassen, um den Schlitten zu entlasten. Cantoe beteiligt sich kaum an der Schlittenarbeit, seine Pfoten schmerzen ihn. Das Alter fordert seinen Tribut. Gestern haben wir ihn zu Hause gelassen, das tut ihm aber auch nicht gut. Noch nach Kilometern konnten wir sein Heulen hören. Schlittenhunde haben vermutlich auch ein Ehrgefühl.

Ich lege das Fernglas zur Seite und strecke meine Beine. Mit meinen Armen in der Luft führe ich ein kleines Tänzchen auf. Das Leben ist gut. Knøtte und ihre beiden Brüder haben sich sehr bemüht, die Leinen zu einem großen Knoten zu verzwirbeln und tollen in dem Durcheinander herum. Cantoe liegt etwas abseits und versucht zu schlafen. Ich begebe mich mitten in die Spielorgie und werde von drei nassen Zungen meiner Freunde begrüßt.

Plötzlich ertönt ein lauter Knall. Ein Schuß aus einem Gewehr. Eine kleine Figur rennt über das Eis zu einem noch kleineren Punkt und streckt – dort angekommen – die Hand hoch. Getroffen! Jetzt sind wir an der Reihe! Ich entwirre den Knoten, spanne die Hunde vor den Schlitten und springe hinten auf.

»Ayja! Ayja!«

Das ist schon fast überflüssig. In voller Fahrt rasen

wir zu Nils. In kurzem Abstand von ihm bleiben wir stehen.

Er hat schon ein weiteres Tier im Auge und hinterläßt mich mit seinem Messer bei dem soeben erlegten Seehund. Ich drehe ihn auf den Rücken. Hallo, schönes Tier …

Ich schneide die Haut um den Kopf, die Flossen und den Schwanz herum durch, und mache einen Längsschnitt über den Bauch, so daß ich den Blubber, die dicke Speckschicht, entfernen kann. Ich hinterlasse sie für die Vögel und die Eisbären. Es ist eine schwierige Aufgabe, die vierzig Kilo schwere Masse auf den Schlitten zu hieven. Sie ist rutschig und widerspenstig. Meine Kleidung wird mit tiefroten Blutflecken beschmiert, aber am Ende schaffe ich es. Zufrieden schaue ich zu den Hunden. Sie haben wieder zu fressen. Bevor ich mich erholen kann, hat Nils einen weiteren Seehund geschossen und wir müssen wieder los.

Um halb zwei kehren wir in der triumphierenden Stimmung, die zur erfolgreichen Jagd gehört, mit fünf Tierkörpern auf dem Schlitten nach Hause zurück.

Der Mai ist der Monat, in dem wir den neuen Hundefuttervorrat für den kommenden Winter anlegen müssen. Die Jungtiere sind dann bereits geboren, und die Seehunde liegen oft stundenlang auf dem Eis, um sich zu sonnen, manchmal alleine, manchmal in Gruppen bis zu fünf Tieren, meistens in der Nähe der Atemlöcher, die sie den ganzen Winter über offenhalten.

Es ist leichter, die erwachsenen Tiere zu erbeuten, wenn sie sich auf dem Eis tummeln, als wenn sie im Meer schwimmen und nur ab und zu kurz auftauchen. Nils meint ungefähr fünfzig Tiere zu benötigen, das heißt in diesem Monat muß viel gearbeitet werden, bevor im Juni das Eis schmilzt. Im Norden der Insel befindet sich jetzt schon eine offene Stelle, an der man – wenn die Sonne hinein scheint – bis auf den Boden sehen kann. In der Lagune ist das Eis schon komplett weg.

Mir gefällt es, wenn gearbeitet werden muß. Ich finde es phantastisch, allein mit dem Hundeschlitten die Seehunde abzuholen und zu häuten. Ich bin nicht hierhergekommen, um meine alten Vorurteile – mir graut davor, es stinkt und die Tiere tun mir leid – auf dieses Leben anzuwenden. Ich bin hier, um etwas zu tun und um zu sein. Mich an der Jagd zu beteiligen ist die ultimative Bestätigung dafür, daß ich hier zu Hause bin und nicht zu Gast.

In den Stunden der Ruhezeit nach der Arbeit wandern meine Gedanken zum ersten Mal seit Februar auch wieder zu meinen anderen Plänen. In den letzten Monaten ist die Zeit schnell vergangen – der Sommer steht schon fast vor der Tür. In etwas mehr als einem Monat kommt die *Plancius* wieder nach Spitzbergen, und ich würde gern, wie in meinem Traum, am Kai stehen. In Longyearbyen wurde mir ein Brief von den Geologen aus Cambridge überreicht. Sie werden mit zwei kleineren Schiffen um Spitzbergen herumfahren, um an verschiedenen Stellen Gesteinsproben zu entnehmen. Ich bin als Hilfe bei den Vorbereitungen im Juli herzlich willkommen. Natürlich wäre ich auch gerne an Bord dabei als Matrose, aber das wird vermutlich aus Platzmangel nicht gehen. Das ist schade, aber ein paar Wochen in Ny-Alesund, wo sie ihre Station haben, zu verbringen, ist auch nicht schlecht. Das ist eine der schönsten Buchten Spitzbergens, und ich würde wieder mal andere Menschen sehen!

Mir ist allerdings noch nicht klar, wie ich nach Ny-Alesund kommen soll. Die wenigen Transportmöglichkeiten sind teuer. Als Pelzjägersfrau würde mich eventuell der Hubschrauber mit nach Longyearbyen nehmen, aber da ich nicht bezahle, kann ich ihn schlecht bestellen. Ich könnte nur abwarten, ob und wann er kommt. Ab Longyearbyen fahren kleinere Schiffe nach Ny-Alesund, aber der Preis für eine Rückfahrt beträgt fünfhundert Gulden, und das können sich die Geologen nicht leisten. Es könnte ja sein, daß die *Plancius* zu der Zeit nach Ny-Alesund fährt, aber ich kenne ihr Programm nicht und kann nicht einfach davon ausgehen. Ich überlege hin und her mit einem Kalender, einer Karte und der alten Reiseroute der *Plancius* in der Hand. Wenn ich jetzt so ... oder doch vielleicht eher so ... es ist doch gar nicht wirklich schwierig, aber ich verliere mich in den Plänen für die Zukunft.

Nils reagiert kaum, als ich ihm die Pro und Contra meiner Pläne nahebringe. Ich bin doch noch hier? Das ist richtig. Und das ist das einzige, was für uns zählt. Er schiebt meine Papiere und die Karte zur Seite und setzt sich neben mich.

»Du bist hier, hier bei mir. Fühle mal, ich küsse dich.«

Ich täusche Zurückhaltung vor, spiele eine andere Frau. Denn eigentlich bin ich ein englisches Fotomodell, und ich war auf dem Weg zu einem berühmten Arzt in Seattle, der mich von meiner Nymphomanie heilen sollte. Über dem Pol ist mein Flugzeug verunglückt, und ich, als einzige Überlebende, bin zwei Tage gelaufen auf der Suche nach der bewohnten Welt, auf der Suche nach einem Mann! Aber es muß selbstverständlich ein guter Mann sein ...

Nils lacht über meine Geschichte und läßt sich willig überall kneifen und berühren. Die Nymphomanin möchte doch nicht weitere drei Tage herumlaufen, um dann auf einen alten Kerl wie Toralf zu treffen.

Wir gehen noch ganz in unserem Spiel auf, als die

Hunde Besuch ankündigen. Nils guckt durch das Schlafzimmerfenster und blickt in das graue Gesicht eines alten Eisbären. Schneller als ich fährt er in eine Hose und rennt mit seinem Gewehr hinaus. Altersbeschwerden lassen manche älteren Bären hungrig und verzweifelt werden – hat er Böses vor?

Als auch ich in der Tür stehe, sehe ich noch sein riesiges Hinterteil über dem Eisspalt in die Luft ragen, in den Nils die unbrauchbaren Felle mit überflüssigem Speck geworfen hat. Er hat die Kantine entdeckt. Mit einem Fell im Maul richtet er sich wieder auf und verspeist es in aller Ruhe. Er wird uns vorläufig in Ruhe lassen.

In den nächsten drei Tagen wird er unser Hausbär. Er schnüffelt herum, taucht in den Eisspalt und holt sich dort ein Fell, läßt es sich schmecken, schläft und kommt wieder. Sein Bauch wird zusehends dicker. So dick sogar, daß er mehr wackelt als geht. Er frißt sich noch krank! Aber möglicherweise ist diese Mahlzeit die letzte, die er bekommt, so alt wie er aussieht. Sein rechtes Auge ist ganz blau. Darüber hat er eine dicke Narbe. Ich glaube, er ist auf einem Auge blind.

Nachdem er den Spalt leergefressen hat, sucht er seinen Schatz noch mehrmals erfolglos auf und verläßt schließlich Austfjordneset. Schade, es gefiel mir gut, einen Bären aus der Nähe beobachten zu können.

Während einem dieser langen Tage auf dem Eis werden wir von Besuch überrascht. Die Saison für Schneescooter ist beendet und wir haben nicht mehr damit gerechnet. Die beiden waghalsigen Typen behaupten aber, die Strecke wäre noch gut zu befahren gewesen. Wir beenden für heute die Jagd und kehren nach Austfjordneset zurück. Die Scooter fahren vor uns her und die Hunde machen sogleich ein Spiel daraus: wir müssen sie überholen! In der kürzesten Zeit, die wir je für den Wijdefjord gebraucht haben, sind wir zu Hause.

Aus einem großen Rucksack werden verschiedene Leckerbissen geholt, zwei Flaschen Cognac und – wer hätte es noch geglaubt – ein Brief von Rudolf; er hat mich also nicht vergessen. Ungeduldig reiße ich den Brief auf und überfliege die Zeilen so schnell, daß ich kaum lese, was da steht. Er freut sich darauf, mich zu sehen, die Geschichten von mir persönlich zu hören. Sie fahren Ende Juni nach Ny-Alesund! Am Ende des Briefes entschuldigt er sich für seine Haltung während unseres letzten Telefongesprächs; ich hätte ihn überrumpelt und es wäre ihm nicht gelungen, sich so zu geben, wie er gern gewollt hätte. Ich lese alles noch einmal – habe ich auch nichts übersehen? – und lehne mich zufrieden zurück. Noch vier Wochen ...

Nils reicht mir ein Glas und setzt sich zu mir. Ich umarme ihn.

»War es ein guter Brief?«

»Ja, ein guter Brief.«

»Es ist ein Brief von ihrem Ehemann«, erklärt er scherzend. »Aber ich bin ihr Liebhaber!« fügt er bedeutungsvoll hinzu.

Nimmt er sich jetzt selbst auf den Arm, um mich zu einer Gegendarstellung zu bewegen? Ach, ist schon okay. Ich küsse ihn und lächle die Diskussion weg.

Nils ist im siebten Himmel inmitten von soviel Aufmerksamkeit und von soviel Alkohol, aber im Verlauf des Abends, als das Flüssigkeitsniveau in den Flaschen abnimmt, fühle ich mich immer weniger wohl bei ihm. Warum muß er immer gleich betrunken werden? Ich kann nicht nachvollziehen, was ihn dabei so reizt. Sicher, Feiern ist etwas Schönes und ein Gläschen schmeckt gut, aber warum sich so benebeln, daß man nicht mehr weiß, was man gesagt hat, und daß man sich am nächsten Tag hundeelend fühlt. Was ist dabei der große Spaß?

Ich lege mich schlafen und versuche, die Wichtigtuereien nicht zu hören.

Ab der ersten Juniwoche ist das Eis so schlecht geworden, daß wir nicht mehr mit dem Hundeschlitten zwischen den brüchigen Stücken hindurch manövrieren können. Die Seehundjagd geht zu Ende. Ein paarmal sind wir noch zur Insel gelaufen, bis Nils im Eis einbrach und dann war Schluß damit. Auf einmal ist unsere Welt nicht mehr größer als das Gelände um die Hütte herum. Das Meer frißt langsam das Eis weg, und der schmelzende Schnee verwandelt den Boden in einen Sumpf, in dem man nicht gerne freiwillig herumläuft.

Nils ist mit seinen Fuchsfellen beschäftigt. Wenn sie anfangen aufzutauen, zieht er die hauchdünne Haut von den Tierkörpern ab. Diese Arbeit überlasse ich ihm, denn ich möchte es nicht auf dem Gewissen haben, seine wertvolle Einnahmequelle zu ruinieren. Außerdem leiden manche Füchse an Hundetollwut, und ich bin nicht dagegen geimpft. Ich beschränke mich darauf, die Felle zu kämmen, nachdem Nils sie gewaschen hat.

Es sind insgesamt fünfzehn Stück. Nils behauptet, eine Frau in der Hütte sei schlecht für die Jagd, ich bin dagegen der Meinung, daß man von der Fuchsjagd sowieso kaum leben kann. Das beeindruckt Nils aber gar nicht.

Der Inhalt meiner Tage ist wieder geschrumpft auf wenig bis nichts. Ich höre zum ersten Mal seit sieben Monaten dem Wasser zu, das vom Gletscher herabplätschert. Ein Höllenlärm ist das, wenn man so an die Stille gewöhnt ist. Ab jetzt wird es nie mehr ganz still sein. Der Winter zieht sich nun in die Berge in größeren Höhen zurück und in den enormen Eisberg, der sich hartnäckig am Strand hält.

An manchen Tagen verläuft mein Leben ganz langsam, und ich fühle wie die Welt wieder wärmer wird. Ich spreche mit jeder Blume, die unter der Schneedecke zum Leben erwacht ist, und jeder Vogel, der sich nach einer langen Reise hier niederläßt, begrüßt mich. Der zarte Frühling schließt den Kreis – der Winter geht zu Ende –, und dieser Rhythmus beruhigt mich, genauso wie Jupiter, der täglich am Himmel stand. Die Welt geht ihren eigenen harmonischen Weg, tagein, tagaus, Jahr um Jahr. Weshalb sollte ich mir Sorgen machen? Der Wechsel der Jahreszeiten ist auch in mir.

Ich bin manchmal so fixiert auf das Tun, auf Aktivität, doch eigentlich steckt darin in erster Linie mein Wunsch nach einem äußeren Rahmen, in dem ich mein Leben unterbringen kann. Es ist auch ein Spiegel für meine Suche nach einem Namen, meinem Namen, nach Identität. Denn oft frage ich mich, wer bin ich, wenn ich nichts tue? Wenn ich dann den Frühling so betrachte, ist die Frage plötzlich hinfällig. Ich muß nichts tun, ich bin bereits. Ich bin Heleen, so wie ich bin.

Nach ein paar Tagen sehe ich diese Theorie doch wieder mit einem Fragezeichen dahinter. Ist der Platz, den ich einnehme, nicht zu passiv? Wo sind in dieser Betrachtung Entwicklung und Fortschritt? Wie komme ich vorwärts, wenn ich nichts dazutun muß? Die Vorstellung, daß ich bereits bin, hört sich seltsam an, und die Weisheit hinter dem Paradox »suchet und ihr werdet nicht finden« kann ich mir nicht mehr erklären. Ich werde ungeduldig. Wieder überwiegt der Drang zu neuen Taten und der Wunsch, anderen Leute zu begegnen.

Es ist nicht schwierig, sich mit der Natur verbunden zu fühlen, wenn man in der Wildnis lebt. Die Welt ist aber sehr viel größer als Austfjordneset; es gibt noch so viel zu sehen und zu erleben.

Wie zu erwarten war, ist Nils der erste, der das ausbaden muß. Seine Anwesenheit stört mich einfach manchmal; ich fühle mich durch ihn behindert bei … ja, bei was eigentlich?

Im Bett haben wir die Sprache gefunden, in der wir uns verständigen können, im Bezug auf unsere Körper gehen wir ehrlich und aufmerksam miteinander um. Aber unser stürmisches Liebesleben hat seinen Platz in der täglichen Routine eingenommen, und es ist nichts Neues dazugekommen, um das Loch zu füllen. Sex ist wichtig für mich, aber wenn die Komponente einer gemeinsamen, einer geteilten Gedankenwelt fehlt, ist es nicht mehr als die schöne Verpackung einer leeren Schachtel. Mein Gefühl sagt mir, daß wir an einem Punkt angekommen sind, an dem wir nicht weiterkommen werden. Ich will in diesem Sommer noch schöne Sachen machen, und dann sollte ich vielleicht ganz einfach wieder nach Hause fahren.

Nils läßt meine Anfälle von Unzufriedenheit kommentarlos über sich ergehen. Ich habe den Eindruck, er hält sich selbst nicht für würdig genug, um in welcher Form auch immer Ansprüche auf mich zu erheben. Ab und zu fragt er mich – beinahe lachend und liebevoll blickend –, ob ich nicht bei ihm bleiben möchte, aber die bejahende Antwort scheint er gar nicht zu erwarten. Er versteht es wohl noch immer als eine Art Gunst, daß ich bei ihm bin; als wäre mein restliches Leben so ungreifbar für ihn, daß er jede Entscheidung von mir unbesehen akzeptiert. Es ist befremdlich, aber es paßt zu dem unschuldigen Mann, der nicht von sich behauptet, irgend etwas zu wissen.

Es ist zweifelsohne ein sehr edler Charakterzug, daß er von mir nichts fordert – bin ich nicht auch deswegen schwach geworden? –, und für mich ist es einfach, daß er mich einfach lassen kann, aber es ist zu einfach! Wir bekommen dadurch eine kräftige Schieflage. Ich brauche etwas anderes als diese liebe, gute Seele.

So fühle ich mich hin- und hergerissen zwischen der Frage, was ich mit meinem Leben weiter vorhabe, und der Erfahrung von absoluter Ruhe. Irgendwo dazwischen liegt wohl der goldene Mittelweg, nur wo?

Die Zeit wird mir nicht die Gelegenheit geben, mich damit sehr lange zu beschäftigen. Wenn ich beim Eintreffen der *Plancius* in Longyearbyen sein möchte, muß ich etwas unternehmen. Ich nehme meinen Mut zusammen und frage bei Svalbard Radio um ein Gespräch mit dem Hubschrauberkommandanten des Gouverneurs an. Erst glaubt er, ich möchte einen Flug nach Austfjordneset bestellen. Ich würde doch wohl wissen, daß dies sehr teuer ist? Ja, das ist mir bekannt, und deshalb würde ich gern von ihm wissen, ob er in den nächsten Wochen zufällig einmal hierherkommt. Ah, das ist eine schwierige Frage; es bleibt so lange still, daß ich meine Frage schon fast habe zurückziehen wollen. Dann sagt er, er könne mir nichts versprechen, aber ich sollte nächste Woche noch einmal anrufen, die Planung wird nicht so weit im voraus gemacht.

Also nichts Konkretes.

Nur mit einem T-Shirt bekleidet sitze ich draußen auf dem Holzblock. Das Thermometer zeigt drei Grad an, in der Sonne ist es warm. Da ich wieder etwas habe, worauf ich warten kann, vergehen die Tage wie gehabt quälend langsam. Ich vergeude die Zeit für Dinge, die es jetzt hier nicht gibt, und nur wenn ich mich selbst ermahne, gelingt es mir, meine Umgebung zu genießen. Ich kann zwar stundenlang über meine Motive philosophieren, damit ist aber noch nicht gesagt, daß ich alles in der Hand habe; ich bin nicht alles das, was ich weiß. Macht aber nichts, ich habe die Hoffnung, hier die Erleuchtung zu erlangen, schon aufgegeben. Wichtiger ist mir, daß ich erkenne, aus welchem Holz ich geschnitzt bin. Wie oft habe ich die phantastischsten Theorien über mich entwickelt, aus Angst, der Wahrheit über mich, meinen Bedürfnissen und meinen Erwartungen ins Auge zu blicken? Vielleicht ist es auch einfacher, klarzusehen, wenn man so isoliert lebt. Im Gegensatz zur komplexen Vielfalt der zivilisierten Welt habe ich es hier mit nur wenigen variablen Faktoren zu tun: mit dem Wetter und mit einem Mann. Und mit einem Hubschrauber. Ich muß am einundzwanzigsten an der Anlegestelle stehen …

Nils holt mich aus meinen Grübeleien.

»Kommst du mit auf den Hügel dahinten?«

Ich bin von der Sonne träge geworden, und das Warten auf den Hubschrauber macht mich nicht sonderlich unternehmungslustig, aber ich gehe mit ihm mit. Nach einem steilen Aufstieg genießen wir Fernsicht.

»Wasser!«

Quer über den Fjord verläuft ein Streifen offenes Wasser. Er versickert, während weiter südlich eine neue, größere offene Stelle entsteht. Das Eis zerfällt und wird vom Südwind ins offene Meer gepreßt. Mir ist bewußt, daß diese Entwicklung zu dieser Jahreszeit gehört, dennoch sehe ich voller Erstaunen auf das Zusammenspiel der dunklen Wasserlinien mit dem so vertrauten Eis. In Gedanken versuche ich die passenden Worte zu finden, mit denen ich Rudolf erklären kann, wie eigenartig es ist, das Meer wieder zu sehen. Kann er, der Seemann, sich das vorstellen? Wenn alles nach Plan gelaufen ist, befindet er sich jetzt auf dem Weg nach Island, dem Rand des arktischen Gebiets.

Noch zehn Tage …

Ich möchte wieder zurückgehen; ich muß diesen Kommandanten noch einmal fragen, ob er mich nun abholt oder nicht.

Mit der frei interpretierbaren Terminologie, die Beamten eigen ist, sagt er, er würde wahrscheinlich Ende nächster Woche vorbeikommen, könne aber nicht sagen, wann genau.

O Rudolf, das darf nicht schiefgehen!

In den Tagen, die mir auf Austfjordneset noch bleiben, bricht das Eis in immer kleinere Schollen auseinander, die knackend und knirschend ihren Weg nach Norden suchen. Ich habe meinen Holzblocksitz an den Strand, am äußersten Punkt der Lagune, der Nase Austfjordnesets, verlegt. Dort türmt sich das Eis auf, und die Bruchstücke schieben sich gewaltsam auf- und übereinander. Stundenlang beobachte ich dieses gewaltige Naturereignis. Ich bin zu unruhig für andere Unternehmungen, und dieses hier bietet genau das Maß an Ablenkung, das ich brauche.

Nils setzt sich neben mich und legt seinen Arm um meine Schulter.

Er überrascht mich. Ich war in Gedanken schon wieder weit fort, bei den Dingen, die kommen werden. So als wäre es logischer gewesen, Rudolf hätte sich zu mir gesetzt.

»Es ist fast vorbei«, sage ich leise.

»Hmhm.«

Ich habe nichts mehr hinzuzufügen und schweige. Wortlos haben wir uns gefunden und wortlos scheint auch unser Abschied zu werden. Ich kuschle mich eng an ihn und erzähle ihm so, daß ich gern bei ihm war und daß ich zurückkehren werde in diesem Sommer oder später. Niemand wird verstehen, was wir miteinander erlebt haben, niemand kennt uns so, wie wir uns kennen, und das werde ich nicht vergessen.

Das Meer hat den Wijdefjord wieder in seinem Besitz als ich meinen Rucksack gepackt habe und ziellos umhergehe. Wo bleibt der Hubschrauber?

Erst am Freitag um halb sieben, als ich die Hoffnung schon fast aufgegeben habe, erklingt das erlösende Knattern der Hubschrauberflügel. Nach der Landung zeigt der Pilot an, daß ich mich beeilen soll. Unter den drehenden Flügeln küsse ich Nils zum letzten Mal und präge mir die viel zu grünen Augen gut in mein Gedächtnis ein.

Die Tür schließt sich. Auf Wiedersehen, lieber Freund. Ich gehe jetzt wieder.

Die Pizza schmeckt mir nicht. Ich schiebe die Paprika erst zur Seite, dann wieder zurück und sehe mit leerem Blick die Menschen an, die in einer langen Reihe an der Theke stehen. Manche erwidern mein Starren mit einem prüfenden Blick – ist das nicht das Mädchen von dem Pelzjäger? Ich wende meine Augen ab, ich möchte nicht erkannt werden und keine aufgeweckten Gespräche führen.

»Schmeckt die Pizza?« fragt der Junge neben mir.

Ich habe ihn schon einmal gesehen, als wir im April in Longyearbyen waren. Heute nachmittag begegnete er mir auf der Straße, als ich zum x-ten Mal zum Ende des Dorfes lief, von wo man den Hafen sehen kann. Er hat gemerkt, wie enttäuscht ich war, weil kein Schiff dort war, und er hat mich mitgenommen in dieses Restaurant. Ein wenig Ablenkung würde mir guttun. Ich bin allerdings so gut wie gar nicht von meinen Gedanken an Rudolf abzulenken. Mit einem großen Schluck leere ich das dritte Glas Wein.

»Ob Rudolf auch ein bißchen nervös ist?« frage ich angespannt den Jungen.

Noch bevor er antworten kann, steht Hans plötzlich vor uns.

»Komm, Heleen, die *Plancius* ist da!«

Es ist soweit …

Zierlich wie ein Schwan liegt sie am Kai. Es ist kein Mensch zu sehen. Hallo, du schönes Schiff, wie gut, daß du wieder da bist. Mit zitternden Beinen klettere ich über die Reling und gehe hinein. Der Geruch ist vertraut, ich kann ihn zwar nicht genau zuordnen, aber er gehört unverwechselbar zur *Plancius.* Das Treppengeländer gleitet wie von selbst durch meine Hände, als ich in zwei großen Schritten die Treppe hinunterspringe. Eine schnelle Drehung nach links und ich befinde mich im Aufenthaltsraum der Mannschaft.

Rudolf sitzt am Kopfende des Tisches.

»Hi.«

Wir küssen uns, und ich sehe ihn an. Braune funkelnde Augen. Aus dem dunkelblauen Pullover ragen muskulöse Seemannsarme. Neben ihm die unvermeidliche Dose Cola und eine Schachtel Marlboro, auf der genau ausgerichtet ein Feuerzeug liegt. Genauso wie letztes Jahr. Aber die Situation scheint noch unwirklich und wir lachen unsicher.

Wo sind die anderen der Mannschaft? Wie eine Wilde renne ich durch das ganze Schiff, sehe alles an, atme den Geruch ein, begrüße Bekannte. Das Wiedererkennen löst einen Lachanfall bei mir aus. Die Fotos, die ich letztes Jahr auf dem Mittsommerfest gemacht habe, hängen noch an der Wand, meine Schürze mit den Segelbooten darauf baumelt noch an demselben Nagel in der Kombüse und es wird immer noch Whisky getrunken.

Erst viel später, als die meisten Landgänger bereits in ihren Betten liegen, landen Rudolf und ich nebeneinander auf der Bank. Endlich erhalte ich Antwort auf meine letztes Jahr so oft in Gedanken an ihn gerichtete Frage: Wie geht es dir? Wir tauschen die Geschichten des letzten Jahres aus. Ich erzähle ihm von Nils, dem Mann hinter dem »N«, und was er mir bedeutet,

Rudolf sagt über Sascha wenig. Den ganzen Abend liegt es mir auf der Zunge, ihn zu fragen, wie er mich nun sieht. Was empfindet er für mich? Aber diese brennende Frage bleibt vorläufig noch unausgesprochen, so als müßten wir beide erst entdecken, wer der andere geworden ist. Es ist schon tiefe Nacht, als ich neben ihm einschlafe. Doch vertraut.

Zwei Tage später nehmen wir Kurs auf Ny-Alesund. Diesmal liegt der Isfjord wie ein blauer Teppich vor uns. Vor weniger als zwei Monaten nahm ich auch diesen Weg auf der Strecke nach Kapp Wijck. Da lebte ich noch ein Pelzjägerleben …

In Ny-Alesund gehe ich von Bord und ziehe in die große Baracke, in der sich die Cambridge-Geologen niedergelassen haben. Ganz automatisch finde ich mich im Tagesablauf zurecht. Ich verpasse ihren kleinen Schiffen einen neuen Farbanstrich, stelle Lebensmittelpakete für die Reise zusammen, wiege mehrere Tage hintereinander Plastikbeutel mit einem Pfund Zucker, Reis oder getrocknete Aprikosen aus; und ich koche für die Herren Forscher. In ihren Augen ist der Vorratsschrank nur mäßig bestückt, aber ich habe lange nicht so ein gutes Warenangebot gesehen und tobe mich genüßlich aus.

Für meine Besuche bei den Fischern, die regelmäßig am Kai anlegen, trage ich etwas Wimperntusche auf und nehme einen Hauch Parfüm. Zuerst stelle ich ein paar pseudo-intelligente Fragen über die Eissituation und den Fischfang, und dann frage ich vorsichtig nach, ob ich eventuell Garnelen bei ihnen kaufen könnte. Ich habe bisher noch keinen Pfennig dafür bezahlt, aber wir essen dreimal in der Woche Garnelen.

Die Tage verstreichen in einer unkomplizierten, heiteren Stimmung. Ich genieße meine Arbeit und die netten Gespräche am Abend bei einem Gläschen. Zwei der Geologen haben in einer Untersuchungsstation in der Antarktis überwintert und erzählen schöne Geschichten über diese Zeit.

Aber die Engländer sind auch eigenartige Menschen. Unsere Baracke ist nicht gerade groß und es ist unvermeidlich, daß man sich auch einmal berührt, wenn man aneinander vorbeigeht. Für mich ist das auch ein Zeichen lockeren Umgangs, aber sie murmeln jedes Mal »Entschuldigung«. Und auch wenn es manchmal noch so unpraktisch ist, sie halten unter allen Umständen die Tür für mich auf. Eine ziemliche Veränderung nach meinem rülpsenden, fluchenden Pelzjäger.

Eines Abends werden wir von einigen Seglern besucht, die auch bei Ragnar gewesen waren. Nach ein paar Drinks nimmt mich einer von ihnen zur Seite. Bei Ragnar hatte er ein Gespräch zwischen Ragnar und Nils mitgehört, in dem Nils durchschimmern ließ, er wolle nächstes Jahr vielleicht nicht mehr allein überwintern.

Ich werde ganz klein. Lieber Nils, wie geht es dir? Entsetzt frage ich mich, was ich gemacht habe. Habe ich dir einen Finger geboten und dann meine Hand zurückgezogen, gerade als du sie nehmen wolltest? Hätte ich diese Beziehung vielleicht nie anfangen sollen, weil ich wußte, daß ich wieder gehen würde? Oder hätte ich nicht gehen dürfen?

Ich mache mir Sorgen um ihn.

Als am nächsten Tag die Akkus in den Schiffen eingebaut sind, rufe ich mit dem Bordsender Austfjordneset an. Ich möchte von ihm selbst hören, wie es ihm geht. Die Verbindung ist aber schlecht, und er möchte nicht viel sagen, weil er glaubt, daß viele auf dieser Frequenz mithören können. Zurückhaltend fragt er, ob ich wiederkommen werde. Tja ... das weiß ich nicht so genau.

Es ist nicht sicher, ob der Mann, der das Geologenteam noch verstärken soll, ein Flugticken nach Spitzbergen auftreiben wird, damit ist für mich nicht sicher, ob ich auf einem der Schiffe mitfahren kann oder nicht. Und auch wenn ich Austfjordneset besuchen wollte, wie käme ich hin?

Nach unserem Gespräch ist mir nicht sehr wohl zumute. Aber einer der Geologen meint, daß ich ja nicht allein für unsere Beziehung verantwortlich bin, und damit hat er sicher nicht unrecht. Nils hat sein eigenes Leben, er trifft seine eigenen Entscheidungen mit den entsprechenden Konsequenzen.

Kurz bevor die *Plancius* wieder nach Ny-Alesund zurückkehrt, ruft der Geologe, der eventuell noch kommen sollte, an. Er hat das Flugticket. Enttäuschung legt sich wie eine Decke über mich. Sicher, ich hatte keine Zusage, daß ich mitkommen kann, aber es gefällt mir sehr gut in dieser Gruppe und ich hatte mir die Reise schon lebhaft ausgemalt. Was nun?

Wieder beuge ich mich über die Karte. Mit der *Plancius* oder einem anderen Schiff könnte ich nach Longyearbyen zurückfahren, aber was mache ich dann dort? Vielleicht mit dem Schiff von Hans bis Kapp Wijck und dann zu Fuß zur Südseite des Wijdefjord, wo Nils mich abholen könnte; aber das ist eine richtige Expedition, weil die Flüsse jetzt so viel Schmelzwasser führen. Oder vielleicht mit dem Flugzeug nach Hause?

Jemand klopft ans Fenster. Ich sehe hoch, aber es ist niemand zu sehen. Als ich mich umdrehe, steht Rudolf lachend in der Tür.

»Hier sind wir wieder!«

Ich koche eine Kanne scheußlichen englischen Kaffee, und Rudolf erzählt von der Fahrt. Der Streckenplan kam völlig durcheinander, weil der nördliche Teil Spitzbergens noch vollkommen mit Treibeis umgeben ist. Das hatte ich nach den Erzählungen der norwegischen Fischer schon befürchtet. Die Passagiere hatten dennoch nicht zu klagen, denn sie konnten Walrosse sehen.

Am Nachmittag besuchen wir zusammen mit den Passagieren eine Halbinsel auf der gegenüberliegenden Seite der Bucht, setzen uns aber bald ab und gehen allein über die bunt blühenden Hügel. Wie von selbst finden sich unsere Hände und wir klettern immer höher. Am höchsten Punkt ist die Aussicht phantastisch, und wir gehen nicht weiter. Große Eisbrocken lösen sich mit dumpfen Geräuschen von den Gletschern hinter der Bucht, und man kann beinahe spüren, wie die Gletscher zu fließen anfangen. Eisberge in allen Formen und Größen bedecken die Bucht und glänzen wie Diamanten im Sonnenlicht.

»Wie ist das jetzt mit uns?« wage ich endlich zu fragen.

»Ich würde das auch gern wissen, aber …«

Er spricht nicht weiter.

»Aber was?«

»Tja, ich kann nicht leugnen, daß ich noch etwas für dich empfinde, aber ich habe eine Freundin.«

Mir macht es nichts aus, ob das, was wir miteinander haben, den Namen Beziehung trägt oder nicht. Solange wir Freunde sind, bin ich glücklich.

»Ich bin froh mit dir«, erklärt er schüchtern und ich werde ganz sanft auf den Mund geküßt.

Am Abend befreit mich ein befreundeter Reiseführer mit einer einzigen Entscheidung von meinen Transportproblemen. Er trommelt die Passagiere zusammen und erklärt ihnen, daß sie die einzigartige Gelegenheit haben, den Wijdefjord zu besuchen, von mir eine

Führung zu bekommen zu einer kleinen Hütte in der Tundra, in der ich ein Jahr gewohnt habe, und dort vermutlich auch die Chance haben werden, Elfenbeinmöwen zu sehen. Als der Kapitän zustimmt, ist die Sache geritzt: sie bringen mich dorthin. Ich kann es kaum glauben, es ist zu schön, um wahr zu sein. Ich kann noch ein paar Wochen nach Austfjordneset und gegen Ende des Sommers zurück in die Niederlande.

Für eine Woche nehme ich das vertraute Leben an Bord wieder auf. Als wäre in der Zwischenzeit nichts geschehen, schrubbe ich wieder die Kombüse, spüle Geschirr ab, bin auf den Schlauchbooten dabei und fühle mich wie zu Hause. Und endlich habe ich wieder einen Freund, mit dem ich reden kann.

Verwirrung entsteht, als wir in den stillen Morgenstunden in den Wijdefjord einbiegen. Meile um Meile nähert sich mein anderes Leben. Erinnerungen tauchen auf bei jedem Berg und jedem Tal. Zuerst Flattøyhytta, wo Nils die Hunde verlorengegangen waren. Es durchzuckt mich, als ich die Angst wieder aufsteigen fühle, die ich damals hatte, als ich allein zu Hause war und nicht wußte, wo Nils sich aufhielt. Mit klopfendem Herzen versuche ich dem Steuermann zu erklären, was ich ausgestanden habe, aber ich finde nicht die Worte.

Es folgt Krosspynten, wo es Ende Januar so kalt war, daß ich an nichts anderes mehr denken konnte. Nils war gerade wütend, weil vieles schiefging, und ich verachtete ihn dafür. Aber hier haben wir uns später auch geliebt, glücklich, daß wir uns doch noch gefunden haben. Ich spüre noch einmal die warme Woge von meinem Herzen bis tief in meinen Bauch. O Nils, ich komme!

Erst kurz vor dem Ziel wird Austfjordneset hinter einem Berg sichtbar. Die friedliche Stimmung des Anblicks trifft mich. Diese Hütte war mein Zuhause. Bamse ist schon wach. Mit gespitzten Ohren beobachtet er uns mit dem für ihn typischen abwartenden und gleichzeitig fixierenden Blick. Mit lautem Rasseln fällt der Anker und nun heben auch Knøtte und Skøyer die Köpfe. Sie lassen ein Willkommen-Geheul hören. Aus dem Schornstein kommt kein Rauch. Nils wird wohl noch schlafen.

Noch vor dem Frühstück bringt Rudolf mich mit dem Schlauchboot zum Strand. Das Hundegeheul ist übergegangen in ein Begeisterungsgebelle. Sie ist wieder da! Ich weiß nicht, was ich zu Rudolf sagen soll, wie ich eine Brücke bauen könnte zwischen diesen beiden verschiedenen Welten. Aber aus seinen Augen spricht Verständnis.

Der Kies unter den Füßen fühlt sich vertraut an. Ich schmuse ein wenig mit den Hunden und öffne dann die Tür. Nur mit einer Jeans bekleidet kommt Nils aus dem Schlafzimmer. Sein Gesicht ist grau und sieht eingefallen aus. Er ist mager geworden. Wir fallen uns in die Arme, und er bricht in Tränen aus. Ein starkes Gefühl der Verbundenheit überkommt mich … Soll ich bleiben?

NORDPOLARMEER
NORDA
Wijdefjord
Austfjordneset
Ny-Alesund
SPITZBERGEN
ISFJORD
Longyearbyen

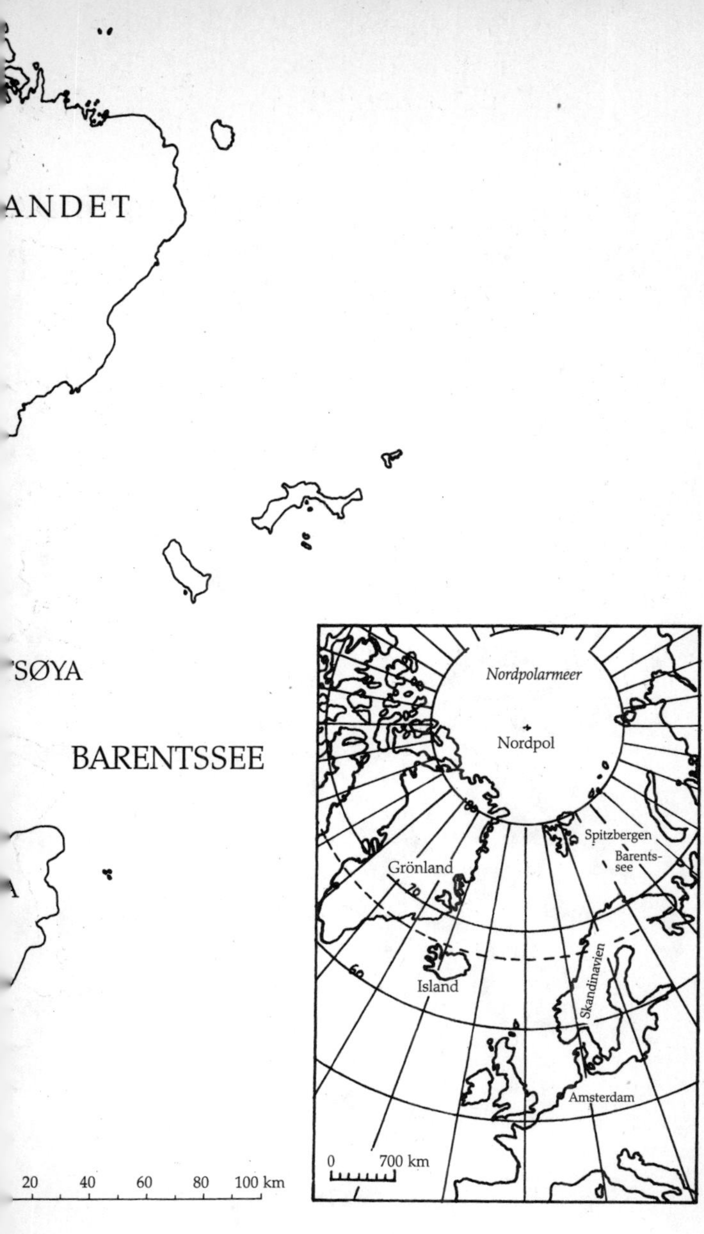
ANDET
SØYA
BARENTSSEE
20 40 60 80 100 km
Nordpolarmeer
Nordpol
Spitzbergen
Barents-
see
Grönland
70
60
Island
Skandinavien
Amsterdam
0 700 km

Als weiße Frau in Afrika leben, die Anziehungskraft einer fremden Kultur spüren, hin und her gerissen sein zwischen westlichem Rationalismus und afrikanischer Spiritualität – dies sind die Erfahrungen von Ilona Maria Hilliges in Nigeria. Sie taucht ein in die mystische Welt des Schwarzen Kontinents – und trifft den Mann ihres Lebens. Doch ein mächtiger Clanchef bedroht sie mit Schwarzer Magie. Sie wehrt sich mit den Waffen ihres Gegners und unterwirft sich einem magischen Ritus: Sie wird zur »weißen Hexe«.

Der authentische Lebensbericht einer weißen Frau in der spirituellen Welt Afrikas.

Ilona Maria Hilliges

Die weiße Hexe

Meine Abenteuer in Afrika

Mit zahlreichen Abbildungen

Econ | Ullstein | List